Viviendo con autoestima

$\mathcal{V}$iviendo
^{con}autoestima

ROBERT E. ALBERTI • MICHAEL L. EMMONS

*Cómo fortalecer
con asertividad
lo mejor de tu persona*

EDITORIAL
PAX MÉXICO

EL LIBRO MUERE CUANDO LO FOTOCOPIAN

❦

Título original en inglés: *Your Perfect Right.*
Publicada por Impact Publishers, San Luis Obispo, California, EUA.

TRADUCCIÓN: Claudia Valenzuela y Jim Valero
PORTADA: Víctor M. Santos Gally

© 1990   Robert Alberti y Michael L. Emmons
© 1999   Editorial Pax México, Librería Carlos Cesarman, S.A.
          Av. Cuauhtémoc 1430
          Col. Santa Cruz Atoyac
          México, D.F. 03310
          Teléfono: 5605 7677
          Fax: 5605 7600
          editorialpax@editorialpax.com
          www.editorialpax.com

Primera edición en esta editorial
ISBN 978-968-860-473-1
Reservados todos los derechos
Impreso en México / *Printed in Mexico*

Nota del editor

Este libro fue diseñado para brindar información exacta y autorizada sobre el tema que trata. El editor no proporciona ninguna clase de servicio psicológico, médico o de otra índole profesional en esos terrenos. En caso de requerir ayuda o consejo de este tipo, instamos al lector a buscar los servicios de un profesional competente.

ÍNDICE

1

LA ASERTIVIDAD*
Y USTED

"Seamos justos con los demás y persigámoslos
hasta que ellos sean justos con nosotros…"

Alan Alda

Elena estaba realmente molesta porque su vecina le había hecho perder 45 largos minutos contándole los chismes del vecindario. Principalmente, estaba enojada consigo misma por haber permitido que esto sucediera otra vez.

Roberto miró su reloj, las 7:15 p.m. Sabía que Laura estaría furiosa y preocupada. Su jefe le había pedido exactamente a las 4:55 p.m. preparar el reporte para la junta del consejo que se llevaría a cabo a las 8:15 de la mañana siguiente.

Tomás y Linda no están seguros si la mesera los ha olvidado, los ignora o simplemente está muy ocupada para atenderles. Ya han esperado quince minutos y la función de teatro a la que planean asistir comienza en media hora.

---

* Asertividad: seguridad, confianza en sí mismo.

Enojo, confusión e impotencia son el resultado de situaciones como éstas. ¿Cómo poder comunicarnos cuando tales sentimientos de frustración surgen en nuestro interior? No existe una respuesta fácil, pero es posible lograrlo si estamos dispuestos a hacer un esfuerzo.

Cambiar nuestra personalidad es difícil, pero no imposible. Millones de personas han aprendido a comunicarse eficazmente a través de un proceso de capacitación en asertividad. Los siguientes capítulos le ayudarán a mejorar sus relaciones interpersonales por medio de un programa especialmente diseñado para esto. Estamos seguros que con un pequeño esfuerzo de su parte logrará su propósito. El proceso es bastante simple. Nosotros le proporcionaremos ejemplos y una serie de procedimientos específicos a seguir. Todo lo que debe usted hacer, si desea seguir nuestro método, es leer con cuidado y llevar a cabo nuestras recomendaciones paulatinamente.

No deseamos ayudarle a manipular a los demás. Ya hay demasiadas personas así en el mundo. La asertividad es una herramienta para lograr más igualdad en nuestras relaciones, para evitar el sentimiento de malestar que nos invade cuando no podemos expresar lo que realmente queremos.

¿Está este libro escrito sólo para aquellos que no tienen confianza en sí mismos? En parte. La primera edición, publicada en 1970, fue escrita con este propósito. Sin embargo, hemos aprendido mucho desde entonces, y podemos decir que todos necesitamos ayuda en ciertas ocasiones para lograr una comunicación interpersonal eficaz.

¿Cómo debe usted responder cuando...

...desea finalizar una conversación telefónica con un vendedor?

...un compañero de trabajo le incomoda?

...su pareja desaprueba lo que usted hace?

...un vecino escucha el aparato estereofónico a todo volumen y no le deja dormir?

...su hijo le responde en forma insolente?

En situaciones como éstas y muchas otras es necesario echar mano de algún tipo de "tácticas especiales de supervivencia", formas específicas de reaccionar que le indiquen a los demás que algo anda mal sin herir la dignidad de nadie. Algunos enfrentan estas situaciones reprimiendo sus sentimientos y, sin decir palabra alguna, permanecen molestos. Otros dan rienda suelta a su enojo, iniciando un confrontamiento con el propósito de "castigar" al ofensor y establecer su supremacía.

Nosotros proponemos un método más balanceado. No "salirse con la suya", no "vengarse" del otro, ni tampoco "volver la otra mejilla". Creemos que lo importante es respetar el amor propio de las personas involucradas.

No es necesario intimidar a los demás con el propósito de evitar ser intimidado. Tampoco debemos permitir ser manipulados en forma alguna. Si aprendemos a tener seguridad en nosotros mismos, podremos manejar toda clase de situaciones directa y honestamente y mantenernos en una posición neutral. Muchos libros en boga hablan de la asertividad como una técnica para "salirse con la suya". Esto no es lo que nosotros buscamos. Este libro no le enseñará ningún "truco" para manipular a otros, pero sí le ayudará a esclarecer sus objetivos en cuanto a sus relaciones con los demás. También le mostrará cómo controlar su vida sin tener que controlar a otros en el proceso.

En capítulos posteriores, los conceptos de *agresividad, asertividad* e *inseguridad* se ilustrarán con varios ejemplos e instrucciones específicas sin recurrir a la terminología utilizada en libros de psicología. En una edición especial de este libro hemos ampliado los aspectos teóricos y los procedimientos para adquirir asertividad con el propósito de ayudar a aquellos profesionales que deseen facilitar el desarrollo personal de sus clientes.

Usted encontrará que aplicando estas ideas y procedimientos podrá desarrollar relaciones interpersonales más saludables y una comunicación más eficaz, bien sean sus metas de tipo personal, social, laboral, o de adaptación a un mundo en constante cambio.

Antes de iniciar el siguiente capítulo, le recomendamos hacer una evaluación de sus metas. ¿Qué le hizo adquirir este libro? ¿Busca ayuda en algún área especial, en el trabajo o en sus relaciones familiares? ¿Cómo le gustaría cambiar su vida? El capítulo 8 nos enseña específicamente cómo definir nuestras metas. Sin embargo, consideramos un buen principio que usted determine los beneficios que busca al leer este libro.

2

¿CUÁLES SON NUESTROS DERECHOS INDIVIDUALES?

"Entre los individuos, como entre las naciones, el respeto al derecho ajeno es la paz..."

Benito Juárez

¿Se ha sentido alguna vez indefenso, inútil, inadecuado? ¿Tiene que insistir demasiado para ser escuchado? ¿Se le dificulta comunicar sus deseos a otros? ¿Siente a veces que su ánimo está "por los suelos"? ¿Siente que la gente se aprovecha de usted por su falta de carácter? ¿Tiende a manipular a los demás para "salirse con la suya"?

La asertividad como alternativa

Una alternativa para evitar la manipulación y el sentimiento de impotencia es confiar en uno mismo. En este libro usted encontrará un programa diseñado para desarrollar la confianza en sí mismo y ayudarle a respetar a los demás en cualquier situación por difícil que ésta pueda parecer. Nuestro método se basa en la firme creencia en la igualdad de todos los seres humanos y tiene como meta fomentar relaciones positivas entre personas que se valoren y respeten mutuamente.

6

En la última mitad del siglo XX, ha habido un progreso significativo hacia el desarrollo de una sociedad basada en estos valores.

Los seres humanos se expresan con mucha más claridad y muchas condiciones antes intolerables han cambiado. Las relaciones interpersonales, tanto las de carácter íntimo y amoroso, como las más distantes entre compañeros de trabajo y vecinos, reflejan ahora un respeto mutuo. La capacitación en asertividad —y este libro, publicado por primera vez en 1970— han contribuido a este proceso.

Desafortunadamente, muchos aún poseen una idea equivocada de lo que significa asertividad. Encontramos un ejemplo muy claro en una tira cómica mostrando al famoso personaje "Ziggy" ante una puerta con el letrero "Clase de asertividad". Abajo de éste se encuentra otro: "No se moleste en tocar, ¡entre por la fuerza!". Nuestro objetivo ha sido desarrollar una imagen menos agresiva de la autoexpresión y la asertividad.

Obstáculos para la autoexpresión

Después de ayudar a miles de personas a valorarse y a expresarse en forma directa y honesta, hemos encontrado tres obtáculos principales para esta comunicación personal:

— Muchas personas *no creen* poseer el derecho a la asertividad.

— Muchas personas experimentan *ansiedad o temor* a la asertividad.

— Muchos *carecen* de *habilidad* para expresarse eficazmente.

Aquí usted encontrará formas que han probado ser de suma utilidad para derribar estos obstáculos.

Asertividad y poder personal

No proponemos una revolución política, económica ni social. Nuestra meta es la adquisición de poder en un nivel más personal: en el hogar, el trabajo, la escuela, en tiendas y restaurantes, juntas, y en cualquier lugar donde el sentimiento de frustración o impotencia tienda a presentarse. Pero sí esperamos que este cambio individual ayude a la formación de una sociedad más humanitaria.

Usted ha experimentado la disminución de su poder personal en diferentes formas: algunas insignificantes, otras importantes. ¿Ha tratado alguien de usurpar su lugar mientras espera en una fila? ¿Se le dificulta decir "no" cuando tratan de persuadirle? ¿Es capaz de expresar sentimientos cálidos y positivos? ¿Puede iniciar una conversación con un extraño en un evento social sin sentirse incómodo? ¿Se ha arrepentido alguna vez de "pasar sobre alguien" para lograr sus objetivos?

Estas situaciones son muy incómodas e irritantes para muchas personas porque no saben cómo manejarlas. No existe ninguna manera definitiva para hacerlo; sin embargo, existen algunos principios básicos que le ayudarán a adquirir confianza y eficacia en sus relaciones interpersonales. A continuación le damos una definición:

El comportamiento asertivo promueve igualdad en las relaciones humanas, permitiéndonos actuar de acuerdo con nuestros intereses, defender nuestras opiniones sin sentirnos culpables, expresar nuestros sentimientos con honestidad y con comodidad y ejercer nuestros derechos individuales sin transgredir los de otros.

Generalmente, quienes carecen de un comportamiento asertivo, logran dar con una respuesta apropiada después de que la oportunidad ha pasado. Por otra parte, una respuesta agresiva resulta demasiado fuerte y puede producir una respuesta negativa de la cual nos podríamos arrepentir posteriormente. Si desarrollamos un esquema adecuado de comportamiento asertivo, siempre tendremos respuestas apropiadas y autosatisfactorias para cada situación.

La asertividad es positiva y saludable

Si aprendemos a reaccionar en forma asertiva, la ansiedad que experimentamos al relacionarnos con otros será menor. Se ha demostrado científicamente que es posible disminuir el estrés y aumentar nuestra autoestima si desarrollamos la capacidad de hacer valer lo que creemos y actuar por iniciativa propia, sea o no asertivo o agresivo nuestro estilo actual.

¿Pertenece usted al grupo de personas que viven inhibidamente, haciendo lo que los demás quieren, reprimiendo sus propios deseos o, por el contrario, manipula a otros para salirse con la suya? La falta de un comportamiento asertivo tiene también síntomas físicos: dolores de cabeza, fatiga, problemas digestivos y cutáneos y asma. La asertividad le ayudará a evitarlos; usted estará más saludable, más seguro de sí mismo, será más apto y más espontáneo al expresarse. Muy probablemente los demás notarán el cambio y le admirarán.

Es común que los términos agresividad y asertividad se confundan. Sin embargo, un comportamiento asertivo no significa aprovecharse de otros ni pasar sobre sus derechos. Un verdadero comportamiento asertivo refleja una preocupación genuina por los derechos de *todos*.

Sus perfectos derechos humanos

Como personas todos somos iguales y gozamos de los mismos derechos fundamentales, sin importar nuestra ocupación ni nuestros títulos. Esperamos que usted aprenda a ejercer *sus* perfectos derechos sin violar los de otros. La Declaración Universal de Derechos Humanos, adoptada por el Consejo General de las Naciones Unidas en 1948, es una excelente manifestación de las metas a seguir en las relaciones interpersonales. Lo instamos a que la lea (Apéndice B), para que los conceptos en ella expresados le motiven a respetar los derechos individuales de todos, incluyendo los propios.

Tales conceptos nos pueden ayudar a que, como conciudadanos de un planeta en realidad bastante pequeño, triunfemos sobre las fuerzas que orillan a la humanidad a la violencia. Al final de cuentas, como seres humanos dependemos unos de otros y el mutuo apoyo y la comprensión son fundamentales para nuestra supervivencia. Nosotros, en verdad, "somos el mundo".

Desafortunadamente, la sociedad en que vivimos clasifica a las personas como si algunas fueran mejores que otras. He aquí unas de las ideas más comunes y más falsas a este respecto:

- Los adultos son superiores a los niños.
- Los jefes son superiores a los empleados.
- Los hombres son superiores a las mujeres.
- Los blancos son superiores a los negros.
- Los médicos son superiores a los plomeros.
- Los maestros son superiores a los alumnos.
- Los políticos son superiores a los electores.
- Los ganadores son superiores a los perdedores.
- Los estadunidenses (o mexicanos, colombianos, etcétera) son superiores a los "extranjeros".

Y así podríamos continuar *ad infinitum*. Las instituciones sociales tienden a perpetuar estos mitos, e inducen a que se trate a los individuos no como a seres humanos sino de acuerdo con el papel que desempeñan en la sociedad. Sin embargo, hay buenas noticias, día a día más individuos actúan en forma asertiva.

La asertividad y la mujer

Las mujeres han encontrado de nuevo la llave para expresarse. Las actividades para la defensa de sus derechos gozaron de un gran éxito durante los años setenta y los ochenta. En nuestros días el número de mujeres que trabajan fuera de casa se ha incrementado. La esfera política en muchos países ha iniciado el reconocimiento de los derechos de las minorías, a pesar de los problemas implícitos. Éstos y otros factores se han combinado para ayudar a las mujeres a lograr el reconocimiento de sus derechos individuales. Los cursos de asertividad para mujeres, así como otros talleres especializados para ejecutivas, han cobrado popularidad, lo cual es una muy buena señal. Mujeres provenientes de diferentes clases sociales, grupos étnicos, socioeconómicos, educativos y profesionales: amas de

10

casa, obreras y ejecutivas, han logrado cambiar sus vidas gracias a su nueva asertividad.

La definición "ideal" de la mujer que la caracteriza como "pasiva", "dulce" y "sumisa" ha ido cambiando. Finalmente, la asertividad de la mujer es aceptada y respetada.

Algunos de estos cambios empiezan a ocurrir en todo el mundo. Una encuesta llevada a cabo en un banco del Japón en 1990 mostró que el 28% de los empleados aceptarían a una mujer en una posición directiva; una década antes la cifra era 12%. Por su lado, el gobierno de Osaka ofrece cursos de capacitación para mujeres de negocios.

En su excelente libro *The Assertive Woman* (que se recomienda a hombres también), Stanlee Phelps y Nancy Austin nos presentan el diferente comportamiento de cuatro tipos de "mujeres que todos conocemos". Las caracterizaciones de "Susana Sumisa", "Ágata Agresiva", "Iris Indirecta" y "Alicia Asertiva",* no necesitan mayores explicaciones. Sin embargo, con sus descripciones, Phelps y Austin nos ayudan a tener una imagen más clara de los roles sociales que han devaluado la asertividad de la mujer. Ágata siempre obtiene lo que quiere a pesar de su falta de amigos. Iris, la astuta, también obtiene lo que quiere, aunque muchas de sus "víctimas" ni siquiera lo notan. Susana es alabada por los hombres y por las figuras de poder por ser una "buena mujer", aunque casi siempre reprima sus propios deseos. La honestidad y la franqueza de Alicia invariablemente le acarrean problemas (por lo menos hasta ahora) en el hogar, la escuela, el trabajo, e incluso con otras mujeres.

Pero ahora se busca el equilibrio. Aunque después de un largo tiempo, a la mujer ahora se le reconoce como un ser humano con los mismos derechos y que merece el mismo reconocimiento, status y salario que un hombre. No es "más débil" por naturaleza, no "pertenece" al hogar (a menos que así lo decida). De tal forma, con considerable esfuerzo, por cierto, la mujer asertiva comienza a ser

---

* Doris Doormat, Agatha Aggressive, Iris Indirect y April Assertive en el original.

valorada por la sociedad, por los hombres y por otras mujeres. Puede escoger su propio estilo de vida sin seguir los dictados de la tradición, el gobierno, el marido, los grupos sociales, los hijos, los jefes. Puede elegir entre ser una ama de casa, sin sentirse intimidada por su hermana "liberada", o seguir una profesión donde el sexo masculino predomine y disfrutar su asertividad, sus derechos y sus habilidades.

En su vida sexual una mujer asertiva puede también tomar la iniciativa, puede compartir su intimidad con igualdad y de esta manera liberar a su pareja de la expectativa de que el hombre es quien siempre debe dar el primer paso.

Una mujer asertiva puede decir "no" con firmeza —y sostenerse en la negativa— a las solicitudes de favores, a proposiciones sexuales no deseadas, y a las expectativas familiares de que ella "lo haga todo".

Como consumidora, puede también hacer que los comerciantes respondan a sus necesidades si se rehúsa a aceptar mercancía, servicios o técnicas de mercadotecnia que no la satisfagan.

En pocas palabras, la mujer asertiva es un *individuo* que posee las cualidades de las que hablamos en este libro; se acepta a sí misma y es aceptada por las mismas razones.

La asertividad y el hombre

Imagine la escena siguiente: después de un día muy pesado en el que Juan limpió las ventanas, trapeó los pisos, lavó tres cargas de ropa en la lavadora y puso en orden el cuarto de los niños, se encuentra aún muy preocupado, preparando la cena en la cocina. Los niños, como de costumbre, se dedican a correr, azotando las puertas, gritando y aventando sus juguetes por todas partes.

En medio de este caos, Mary llega a casa después de un día igualmente arduo en la oficina. Como de costumbre, exclama "¡Ya llegué!" al pasar por la cocina en su camino a la sala. Tirando su portafolios y sus zapatos, se derrumba sobre su sillón favorito frente al televisor y grita, "Juan, tráeme una cerveza, tuve un día muy difícil".

Esta escena es algo risible por ser tan poco común. Después de todo, debería ser Juan el que trabaje fuera de casa para procurar el sustento a su familia. ¿No es acaso la obligación del hombre salir a conquistar el mundo y demostrar su hombría, su fuerza y su valor?

Desafortunadamente, hasta ahora hemos aceptado el estereotipo del hombre de "gran cazador" que debe proveer y proteger a su familia. En realidad, desde la niñez temprana, se fomenta en él el comportamiento asertivo y agresivo con el propósito de alcanzar este "ideal". Los componentes integrales en la educación de un niño tanto en el hogar como en la escuela han sido siempre la competitividad, tratar de ser el mejor y alcanzar grandes metas. No así para las niñas. Los hombres siempre han sido tratados como si fueran por naturaleza fuertes, activos, capaces de tomar decisiones, dominantes, fríos y racionales.

Día a día, más hombres se dan cuenta que existe una brecha en su preparación para relacionarse; tienen sólo dos opciones: el agresor dominante y poderoso o el débil y subordinado, ninguna de las cuales es muy satisfactoria. Otra alternativa más eficaz es la asertividad.

Muchos hombres han empezado a cambiar este estereotipo por un estilo de vida más equilibrado y justo. Los conceptos de "masculinidad" en psicología también han cambiado para dar paso al lado "amable" y cariñoso del hombre. Lo más importante de esto es, probablemente, que el hombre ha reconocido que puede lograr sus objetivos de una manera asertiva y sin recurrir a la agresividad. Los hombres competentes y seguros de sí mismos pueden lograr un desarrollo profesional en todos los campos, salvo los sumamente competitivos.

De igual manera, el hombre asertivo goza de una mayor estima en sus relaciones interpersonales. La familia y los amigos sienten más respeto por un hombre que no necesita "pasar sobre otros" para sobresalir. La honestidad de la asertividad es una característica de incalculable valor en las relaciones cercanas y los hombres asertivos la valoran tanto como las satisfacciones tradicionales provenientes del éxito económico.

En su popular libro, *Pasajes*, Gail Sheehy nos relata cómo varios hombres que tuvieron un estilo de vida agresivo entre los 20 y los 30 años de edad, se han dado cuenta del poco valor de esos logros. Los valores realmente importantes y duraderos son la cercanía a la familia, la intimidad personal y la amistad verdadera —todos fomentados con asertividad, sinceridad y honestidad. El hombre asertivo también se está encontrando a sí mismo.

La asertividad y la sociedad

Desafortunadamente, en nuestra sociedad el reconocimiento al comportamiento asertivo es todavía muy limitado. La asertividad individual, el derecho de expresión sin temor o culpabilidad, el derecho a disentir y la contribución singular de cada persona deberían recibir más de este reconocimiento. Es importante poner énfasis en la diferencia entre un comportamiento asertivo apropiado y la agresión destructiva con la que comúnmente se le confunde.

Los diferentes ambientes en los que nos movemos: la familia, la escuela, el trabajo y la iglesia nos dificultan el desarrollo de un comportamiento asertivo, el cual se reprime de un modo sutil —o a veces no tan sutil.

Por ejemplo, en la familia el niño que se atreve a defender sus derechos rápidamente es censurado: "¡No le hables a tu padre (madre) en esa forma!", "¡Los niños deben obedecer y no opinar!", "¡No seas irrespetuoso!", "¡No quiero volver a oírte hablar de ese modo!". Como es obvio, estas reacciones de los padres no conducen a que el niño actúe de una manera asertiva.

Los maestros también reprimen frecuentemente la asertividad. Los niños callados, que se portan bien y nunca cuestionan la autoridad son recompensados, mientras que los que "sabotean" el sistema de alguna manera son castigados. Los educadores saben que entre el cuarto y quinto año de primaria la espontaneidad natural del niño por aprender es condicionada y reemplazada por la conformidad hacia el sistema que se lleve en la escuela.

El resultado de este tipo de educación afecta el desempeño en el trabajo; y el ambiente laboral tampoco ayuda: todo empleado sabe que no debe decir ni hacer nada que "haga olas". El jefe manda y sus subordinados se sienten obligados a hacer lo que se espera de ellos, aunque consideren que estas expectativas son totalmente inadecuadas. Las experiencias iniciales enseñan que todo aquel que exprese su verdadera opinión no obtendrá aumentos de sueldo ni reconocimiento alguno, e incluso se arriesga a perder su empleo. Todos aprendemos rápidamente a ser empleados leales, a mantener las cosas tal y como están, a no tener ideas propias, y a mostrar mucho tacto para que no le cuenten nada al jefe. A pesar de que la situación ha cambiado algo y ahora se cuenta con más derechos laborales y más equilibrio, el temor a expresarnos todavía prevalece extensamente. La lección es clara: ¡No muestres asertividad en el trabajo!

Las doctrinas en muchas iglesias sugieren que el comportamiento asertivo es contrario al compromiso religioso. Las cualidades fomentadas por la religión son la humildad, la negación de uno mismo, y el autosacrificio. Existe una concepción errónea al creer que sentirse bien con uno mismo y con otros, no es parte de los ideales religiosos. Por el contrario, la asertividad no es únicamente compatible con las enseñanzas de las religiones más importantes, sino que también nos permite librarnos del comportamiento derrotista y servir mejor a otros y a nosotros mismos.

A diferencia del hogar, la escuela y la iglesia, las instituciones políticas no ejercen una influencia temprana en el desarrollo del comportamiento asertivo, pero tampoco lo fomentan. Los asuntos políticos son, en su mayor parte, inaccesibles al ciudadano promedio, pero es bien sabido que cuando los individuos tratan de expresar sus ideas políticas, los gobiernos no se harán esperar para mostrar su desacuerdo.

Es nuestro deseo que una expresión asertiva más adecuada substituya la necesidad de la violencia entre los activistas aislados políticamente. El desarrollo y crecimiento de agrupaciones asertivas dedicadas a defender los derechos de los grupos minoritarios, los sin hogar, los niños, los homosexuales y otros son una evidencia poderosa: ¡la asertividad funciona! Tal vez no exista una aplicación más importante de estos conceptos que para cambiar el sentimiento de impotencia que muchas personas experimentan en el área de la acción política.

Como ya mencionamos, nosotros mantenemos que cada individuo tiene el derecho de ser él mismo, de expresarse y sentirse bien por hacerlo; claro está, siempre y cuando con ello no dañe a terceros.

Las instituciones de nuestra sociedad nos han condicionado a reprimir incluso nuestros derechos más razonables y genuinos, a sentirnos incapaces de expresarnos o culpables cuando luchamos por ellos.

Ya es tiempo de que nuestras familias, escuelas, empresas, iglesias y gobiernos estimulen la asertividad individual y permitan que las personas llenen sus necesidades.

¿Cómo puede beneficiarse con este libro?

Este libro se escribió para aquellos que deseen mejorar sus vidas. Miles de personas que eran incapaces de actuar de una forma asertiva, han adquirido seguridad siguiendo este programa de capacitación personal. Creemos que usted también puede lograrlo. Estamos muy satisfechos porque muchos terapeutas lo han recomendado a sus pacientes.

Aproveche lo que aquí le ofrecemos y comuníquenos sus experiencias. Los comentarios de nuestros lectores y de los participantes en el programa de asertividad nos han ayudado a mejorar y actualizar nuestro trabajo en seis ediciones. Con su ayuda lo haremos mejor aún.

3

SU BITÁCORA PERSONAL DE CRECIMIENTO

"El lugar donde nací, dónde y cuándo he vivido no es importante. Lo que importa es lo que he hecho con ello."

Georgia O'Keeffe

Nos gustaría motivarlo a que inicie su propio proceso de desarrollo hacia una expresión más eficaz. Una manera simple de hacerlo es iniciar una "bitácora de crecimiento personal". Esto no es nada complicado, únicamente un método simple para llevar un registro de su progreso en su camino hacia una mayor asertividad.

Una bitácora es un reporte diario de la velocidad y avance de un buque, un dispositivo náutico. Del mismo modo, nosotros podemos usar una para anotar nuestro avance personal; lo más importante ahora es el progreso, la velocidad es secundaria. Un registro diario de sus logros le permitirá darse cuenta del grado de asertividad que vaya logrando.

En la bitácora puede anotar su examen personal, sus metas, notas de su lectura; en fin, cualquier cosa que considere valioso recordar. Asegúrese de incluir espacios para la observación sistemática de las cuatro dimensiones en su vida que se relacionen directamente con la asertividad: *situación/personas, actitud, comportamiento* y *obstáculos*.

Recomendamos que tenga un cuaderno especial donde anotar sus pensamientos, sus observaciones, sentimientos y progreso.

Una página de su bitácora podría tener el siguiente formato:

Bitácora personal de crecimiento de:

Situaciones / personas

Actitudes

Comportamiento

Obstáculos

Notas: Progreso / Problemas / Comentarios / Metas

Si usted es constante, su bitácora será un instrumento importante para su programa de crecimiento, pues fungirá como un registro de progreso y como un "motivador" para continuar esforzándose y lograr sus metas.

Muy probablemente, al tiempo que empiece a experimentar cambios en su vida, querrá mejorar la forma de llevar su bitácora. A continuación, le damos algunas ideas que le serán de utilidad.

Consulte el Inventario de Asertividad del capítulo 7 y determine las situaciones y las personas que son problemáticas para usted, así como las que no lo son. Escriba la información en su bitácora. Fíjese bien si existe algún patrón repetitivo. Por ejemplo, ¿se le facilita más comunicarse con extraños que con conocidos, o es al contrario? ¿Qué es más fácil para usted, pelear por sus derechos o mostrar afecto? ¿Qué tanto le afectan aspectos como la edad, el sexo, la posición de otra persona?

Sabemos que resulta difícil evaluar objetivamente nuestras actitudes; sin embargo, esperamos que usted incluya en su bitácora sus impresiones acerca de su derecho a la asertividad. Analice las situaciones y las personas en la definición de la conducta asertiva del capítulo 2 y en las situaciones descritas en el inventario de asertividad del capítulo 7. ¿Cree usted, por ejemplo, que es correcto responder cuando alguna persona con autoridad lo critica?

Cuando hablamos de una situación específica, es mucho más fácil, aunque más tardado, evaluar nuestro comportamiento. En el capítulo 6 describimos detalladamente varios aspectos de éste, que son clave para cualquier acción asertiva. Si usted anota sus observaciones en su bitácora regularmente, en una semana se podrá dar cuenta del grado de eficacia que logra con el contacto visual, la expresión facial, la postura y los otros aspectos de los que hablamos. Observar a otras personas a quienes considere seguras de sí mismas y registrar algunas de sus cualidades, le será de gran ayuda.

Los obstáculos pueden ser los elementos más fáciles de registrar para usted. La mayoría de las personas quieren actuar con seguridad; sin embargo, hay muchas barreras que se interponen a sus propósitos.

Clasificamos los obstáculos internos en dos categorías: la *ansiedad*, o el temor a las posibles consecuencias (tal vez no le caiga bien, tal vez me golpee, pensará que estoy loco, voy a hacer el ridículo, quizá no consiga lo que quiero, o tal vez lo único que me pasa es que estoy angustiado) y la *falta de habilidades* (no sé cómo dirigirme a las mujeres, expresar mi opinión en asuntos políticos, nunca he sabido cómo mostrar afecto).

Acaso los obstáculos internos más difíciles de vencer sean las personas cercanas a usted (sus padres, amigos, amantes, compañeros y otras personas estarán interesadas en obstaculizar su camino hacia el cambio, aunque crean desear que usted sea más asertivo).

No se olvide de anotar estos obstáculos en su bitácora.

Si usted es constante en el uso de su bitácora y, conforme vaya aprendiendo acerca de la asertividad, continúa con su cuidadosa y completa autoevaluación, podrá determinar los cambios necesarios para lograr aumentar la propia. La decisión de avanzar con este programa de crecimiento personal y cuál será su dirección es suya. Y decidir es la clave de su asertividad.

Al revisar su bitácora semanalmente, examine todos los puntos y trate de buscar patrones. No se olvide de evaluar sus puntos fuertes, tanto como sus debilidades.

Al término de la primera semana, usted tendrá una buena idea de su situación actual y podrá establecer sus metas. Aunque el proceso sistemático para este propósito se estudiará hasta el capítulo 8, le recomendamos que usted trate de hacerlo y que incluya sus opiniones en su bitácora.

Probablemente en ella encuentre indicios de su dificultad para comunicarse con figuras de autoridad o de su inseguridad al hablar con ellos, o su imposibilidad de mantener contacto visual, o la ansiedad que experimenta en su presencia. Mediante el entrenamiento en asertividad, descrito en este libro, usted podrá vencer todos estos obstáculos.

Cambiar nuestro comportamiento es difícil. Su bitácora es vital en este proceso de cambio. Al ir percibiendo sus patrones de conducta, se le facilitará la elección de sus acciones y el logro de sus metas. Al ver recompensados sus primeros e inciertos pasos hacia la asertividad, le será más fácil continuar actuando de esa forma.

Empiece hoy mismo su bitácora anotando sus impresiones sobre lo que lleva leído de este libro y continúe usándola mientras lo lee y aun después. Esto le ayudará a mantener un registro de su aplicación de estos conceptos. También le motivará a continuar creciendo, ya que usted podrá darse cuenta de sus avances desde que inició el programa, especialmente en esos momentos en que usted se sienta desalentado.

Leerla le reafirmará que va progresando, aunque sea en forma lenta. Su bitácora también lo ayudará a ser más sistemático en su programa y esto puede lograr una gran diferencia.

Usted notará que si mantiene un registro regular de su conducta y sus interacciones aprenderá cosas nuevas sobre sí mismo. Si usted considera que existen problemas complejos en cualquiera de las áreas ya analizadas, es posible que quiera obtener ayuda profesional para lograr sus objetivos. Si usted, por ejemplo, experimenta ansiedad al tratar de actuar con seguridad, le sugerimos consultar a un buen orientador, psicólogo, psiquiatra, o cualquier otro terapeuta. El centro de salud mental de su comunidad puede orientarlo a este respecto. También puede consultar el Apéndice C de este libro para ayudarse en su elección.

VERIFIQUE SU PROGRESO

A lo largo del libro hemos incluido estas "pausas" para verificar su progreso. Nada demasiado formal, se trata de un chequeo periódico para ayudarlo a seguir por el camino correcto.

Responda las preguntas siguientes con honestidad y después de un momento de reflexión. Sus respuestas le ayudarán a dar los pasos necesarios.

- ¿Ha leído y comprendido todo el material de los capítulos anteriores?
- ¿Las explicaciones y los ejemplos encajan con su experiencia?
- Si la respuesta fue negativa, ¿puede adaptarlos a sus necesidades?
- ¿Ha respondido las preguntas y realizado los ejercicios que hemos sugerido?
- ¿La palabra "asertividad" tiene algún significado real para usted?
- ¿Se ha fijado metas preliminares para lograr desarrollar su asertividad?
- ¿Ya inició su bitácora de progreso?
- ¿Ha recurrido a ayuda externa para vencer su ansiedad o cualquier otro tipo de obstáculos?
- ¿Ha identificado los problemas específicos que le impiden actuar con asertividad: ansiedad, actitud, habilidades sociales?
- ¿Se recompensa a sí mismo por sus éxitos, sin importar lo insignificantes que parezcan?

4

¿QUÉ SIGNIFICA
SER ASERTIVO?

"Todos somos controlados por el mundo en que vivimos. La incógnita es: ¿somos controlados por accidentes, por tiranos o por nosotros mismos?"

B.F. Skinner

Como hemos visto, la asertividad no es simplemente otro aspecto de su personalidad. En realidad, no existe una definición exacta del término. Algunos piensan que es tan complejo y abarca tantas definiciones que es imposible llegar a un acuerdo. A pesar de su complejidad, por las experiencias de miles de personas sabemos que la capacitación en asertividad puede ser muy importante si los procedimientos utilizados se apegan a las necesidades específicas de cada persona.

En este capítulo, examinaremos el concepto de asertividad desde diferentes enfoques. Para iniciar, usaremos la definición que aparece en el capítulo 2:

El comportamiento asertivo promueve la igualdad en las relaciones humanas, permitiéndonos actuar de acuerdo con nuestros intereses, defender nuestras opiniones sin sentirnos culpables, expresar *nuestros sentimientos con honestidad y con comodidad y ejercer nuestros derechos individuales sin transgredir los de otros*.

Examinemos cada elemento de la definición en detalle:

Promover la igualdad en las relaciones humanas significa poner en igualdad de condiciones las dos partes involucradas en una relación, restaurar el equilibrio del poder dando más de éste a la parte desvalida para así poder establecer una situación positiva para ambas.

Actuar de acuerdo con nuestros intereses se refiere a la habilidad para tomar nuestras propias decisiones en todos los aspectos de la vida; tener la iniciativa para entablar una conversación y organizar cualquier tipo de actividad; confiar en nuestro propio juicio; fijarnos metas y esforzarnos por lograrlas; pedir ayuda cuando la necesitemos y participar en la sociedad.

Defender nuestras opiniones incluye técnicas para responder a la crítica, al rechazo o al enojo, expresar y defender nuestros puntos de vista, fijar límites de tiempo y energía y aprender a decir **"no"** cuando la situación así lo requiera.

Expresar nuestros sentimientos con honestidad y con comodidad se refiere a la habilidad que debemos poseer para mostrar desacuerdo, enojo, afecto, amistad; para admitir que sentimos temor o ansiedad, para expresar conformidad o apoyo; y para actuar espontáneamente, sin sentimientos de culpa ni ansiedad.

Ejercer nuestros derechos individuales nos habla de nuestra competencia como ciudadanos, consumidores, miembros de organizaciones, escuelas o agrupaciones laborales; como participantes en foros para expresar nuestra opinión, para trabajar por el cambio, para defender nuestros derechos y los de otros cuando éstos sean infringidos.

No transgredir los derechos de otros significa lograr todo lo antes expresado sin pasar sobre los demás, sin criticarlos o herir sus sentimientos de forma alguna, sin usar lenguaje abusivo, sin intimidar, sin manipular.

El comportamiento asertivo es, entonces, una forma de actuar con seguridad en nosotros mismos, pero respetando los valores y derechos de los demás. Esto contribuye tanto a nuestra propia satisfacción como a la calidad de nuestras relaciones interpersonales.

Varios estudios nos muestran que, como consecuencia directa de un comportamiento asertivo, muchas personas han recuperado la autoestima, han reducido su ansiedad, superado su depresión y aprendido a respetar a los demás, han logrado así más metas en sus vidas, han mejorado su autoaceptación y su capacidad para comunicarse con los demás.

No podemos asegurar que usted obtendrá los mismos resultados, pero creemos que esta evidencia es impresionante.

Diferentes tipos de comportamiento: asertivo, no asertivo y agresivo

El estilo de vida del siglo XX nos proyecta mensajes confusos acerca del comportamiento adecuado que debemos observar. Encontramos un ejemplo muy claro en las actitudes y enseñanzas sobre la sexualidad humana. Aunque la norma sexual de la familia de clase media, la iglesia y la escuela es la represión, los medios masivos de comunicación nos bombardean con un enfoque totalmente diferente.

La agresividad es considerada como una "cualidad" del sexo masculino; por lo regular, "el amante" es glorificado, tanto por la cinematografía y la literatura como por los demás hombres. Paradójicamente, se le enseña al varón a cortejar a "muchachas decentes" y se le advierte que las relaciones sexuales son permisibles únicamente dentro del matrimonio. Los mensajes son igualmente ambivalentes para la mujer: por una parte, se espera que sea dulce e inocentemente abnegada; sin embargo, también se le admira y recompensa por ser seductora y sensual.

En muchas otras áreas de la vida podemos encontrar ejemplos de esta dicotomía entre el comportamiento ideal que la sociedad pregona y el que realmente fomenta. A pesar de que en principio se nos educa a respetar a los demás, es común observar que padres, maestros, instituciones y gobiernos contradicen estos valores por medio de sus acciones. Aun cuando generalmente se alaban el tacto, la diplomacia, la amabilidad, los buenos modales, la modestia y la abnegación, es común que se acepte el hecho de "pasar sobre los demás" en aras de una malentendida "superación personal".

A los niños se les inculca a ser fuertes, valientes y dominantes. Su agresividad es perdonada y aceptada, como en el caso del padre que muestra su orgullo cuando su hijo es el vencedor en una pelea callejera.

Esto es muy confuso para el niño y por demás irónico, siendo que el mismo padre le enseñó a "respetar a los adultos", "tener consideración por los más débiles", y a ser "amable y cortés" en todo momento.

La agresividad también es alentada en los atletas, a quienes incluso muchas veces se les permite ignorar las reglas. Esto se acepta porque "lo importante no es cómo juegues sino ganar". Compare las recompensas para los entrenadores ganadores con aquellas para los entrenadores perdedores que "moldean el carácter". Woody Hayes, el muy aclamado ex-entrenador de la Universidad Estatal de Ohio dijo lo siguiente: "Muéstrame a un buen perdedor y yo te mostraré a un perdedor".

Nosotros creemos que cada individuo debe ser capaz de elegir su forma de actuar en toda ocasión. Si sus "educadas reservas" son demasiado fuertes, es posible que usted no tenga la capacidad de elegir y actuar como realmente lo desea. Si sus impulsos agresivos están muy desarrollados, quizá no logre sus metas sin lastimar a otros.

La libertad de elección y el dominio de nosotros mismos sólo son posibles si aprendemos a reaccionar de una manera asertiva en situaciones donde hasta ahora lo hemos hecho en forma violenta o con inseguridad.

Contrastar acciones asertivas con otras no asertivas y agresivas nos ayudará a esclarecer estos conceptos. La gráfica siguiente nos muestra algunos sentimientos, y sus consecuencias, característicos de la persona (el transmisor) que actúa en forma asertiva, no asertiva o agresiva. También mostramos las posibles reacciones del receptor de tales acciones.

Tipos de comportamiento

No Asertivo	Agresivo	Asertivo
(transmisor)	*(transmisor)*	*(transmisor)*
Abnegado	Seguro de sí mismo (a expensas de otro)	Seguro de sí mismo
Inhibido		Expresivo
Herido, ansioso	Expresivo	Satisfecho de sí mismo
Permite que otros elijan por él	Elige por otros	Elige por sí mismo
Nunca alcanza sus metas	Alcanza sus metas (a expensas de otros)	Tal vez alcance sus metas
(receptor)	*(receptor)*	*(receptor)*
Culpable o molesto	Abnegado	Seguro de sí mismo
Desprecia al transmisor	Herido, humillado, a la defensiva	Expresa lo que siente
Logra sus objetivos a expensas del transmisor	No logra sus objetivos	Tal vez logre sus objetivos

Como se muestra en el diagrama, una reacción no asertiva significa que el transmisor se está negando a sí mismo y sus inhibiciones le impiden expresar sus sentimientos. Las personas que se comportan de esta manera por lo general se sienten heridas y experimentan ansiedad al dejar que los demás elijan por ellos; consecuentemente, no alcanzan sus metas.

Los individuos que actúan agresivamente, exagerando la seguridad que sienten en sí mismos, por lo general alcanzan sus metas a expensas de otros. A pesar de que actúan con gran confianza y libertad de expresión, su comportamiento agresivo lastima a los demás, ya que tienden a elegir por ellos y a hacerlos sentirse inferiores.

El comportamiento agresivo por lo regular hace que el receptor se sienta herido en su amor propio, humillado y a la defensiva. Sus metas, bajo esta situación, nunca son alcanzadas. El transmisor, en cambio, logra sus objetivos, pero también genera frustración y amargura que en el futuro se pueden transformar en venganza.

Algunos profesionales en programas de capacitación en asertividad añaden a este modelo una cuarta categoría: la "agresividad indirecta". Según ellos, el comportamiento agresivo se manifiesta en forma pasiva y no confrontante. Estas reacciones son a veces disimuladas y pasan inadvertidas; en otras ocasiones, pueden simplemente tener doble sentido, como cuando un estilo amigable y aceptante esconde una acción desleal o traicionera. Consideramos que esta categoría es una forma de agresión y hemos decidido simplificar nuestro modelo y no presentarla por separado. Sin embargo, reconociendo su importancia, la estudiaremos a fondo en el capítulo 18.

Un comportamiento asertivo bajo las mismas circunstancias permitiría al transmisor tener confianza en sí mismo, expresar sus sentimientos honestamente y, por lo regular, lograr sus objetivos. Cuando uno elige por sí mismo la forma en la que desea actuar, generalmente un sentimiento de satisfacción acompaña a esta reacción, aun cuando las metas no se alcancen.

De igual manera, el analizar las consecuencias de estos comportamientos contrastantes desde el punto de vista del receptor, nos topamos con un patrón paralelo. El comportamiento no asertivo produce varios tipos de sentimientos, desde la compasión, la confusión, hasta un desprecio total por el transmisor. Por otra parte, el receptor también puede experimentar culpabilidad o enojo por haber logrado sus metas a expensas del transmisor. El receptor de acciones agresivas suele sentirse herido y minimizado, y actúa en forma defensiva, rechazante o acaso devuelva la agresión. En contraste, el comportamiento asertivo permite que tanto el receptor como el transmisor aumenten su autoestima, expresen sus sentimientos con libertad y logren sus objetivos.

Resumiendo, hemos visto que el transmisor no asertivo se siente herido por su actitud abnegada; el receptor —y en ocasiones ambos— se siente herido por el comportamiento agresivo. Y con el comportamiento asertivo, ninguno de los dos resultará herido y muy probablemente ambos lograrán sus metas.

La serie de situaciones ilustrativas que aparecen en el siguiente capítulo nos ayudarán a entender estas distinciones con más claridad.

Es de suma importancia que estemos conscientes de que el comportamiento asertivo varía de acuerdo con la persona y la situación; es decir, el que se nos considere asertivos dependerá de las circunstancias. Aunque creemos que las situaciones que presentamos en este libro son realistas y en su mayor parte, apropiadas para todas las personas, debemos considerar las diferencias individuales. Por ejemplo, los antecedentes culturales o étnicos pueden crear circunstancias personales totalmente diferentes, que obviamente cambiarán la naturaleza de lo que nosotros consideramos "apropiado" en un comportamiento asertivo.

Diferencias culturales en la autoexpresión

El deseo de la autoexpresión quizá sea una necesidad humana básica; sin embargo, la conducta asertiva en las relaciones interpersonales es característica principalmente de las culturas occidentales, sin limitarnos a Estados Unidos.

Dentro de las culturas asiáticas, la pertenencia a un grupo (familia, clan, círculo laboral) y la "imagen" ante los demás son mucho más importantes para un individuo que su autoestima. La cortesía es una virtud crucial y la comunicación suele ser indirecta para evitar confrontaciones u ofensas. La asertividad, como los occidentales la entendemos, no se considera apropiada por quienes valoran sus tradiciones. A pesar de ello, muchos jóvenes y otras personas cuyas actividades incluyen un contacto considerable con Estados Unidos y Europa, han desarrollado un estilo más directo, informal y asertivo.

En sociedades latinas e hispanas muchas personas y comunidades han puesto énfasis en el concepto del "machismo" hasta el punto de considerar la asertividad (de acuerdo con nuestra definición), un tanto insulsa, especialmente para el sexo masculino. En estos casos, una de las normas para su expresión es la demostración de fuerza física.

Aun así, individuos provenientes de culturas donde la asertividad no se ha cultivado, probablemente sean quienes más la necesitan. Personas de otros países expresan sus sentimientos de una forma que nosotros podríamos considerar agresiva o no asertiva. Aunque para algunas culturas este estilo representa siglos de tradición, las actuales y futuras relaciones internacionales pueden exigir una comunicación más abierta y directa, y un sentido más amplio de igualdad por ambas partes.

"Pero, ¿acaso no es la agresión parte intrínseca de la naturaleza humana?"

La agresividad y la asertividad son totalmente diferentes y suelen disculparse alegando que son partes innatas de la naturaleza humana, y por lo tanto no pueden evitarse. Esto es totalmente falso según los científicos que han estudiado la psicología humana. En 1986, 20 distinguidos especialistas en el comportamiento humano y social provenientes de 12 países diferentes, escribieron la "Declaración de Sevilla", la cual ha sido aprobada por la Asociación Psicológica Americana y por la Asociación Antropológica Americana. Algunos de los puntos más importantes tratados en este documentos son los siguientes:

"Consideramos que es científicamente incorrecto decir que...

- "...hemos heredado de nuestros ancestros animales nuestra predisposición hacia la guerra. En realidad, la guerra es un fenómeno particularmente humano y no se manifiesta en otros animales. La guerra es biológicamente posible, pero no es inevitable..."

- "...la guerra y cualquier otro tipo de comportamiento agresivo están condicionados genéticamente en la naturaleza humana. Exceptuando algunos casos patológicos, los genes no producen individuos predispuestos a la violencia. Tampoco determinan un comportamiento opuesto."

- "...los seres humanos poseemos un 'cerebro agresivo'. Aunque es verdad que tenemos neuronas capaces de iniciar una reacción violenta, no existe ningún elemento en nuestro aparato neurofisiológico que incite este tipo de comportamiento.

- "...la guerra es causada por un 'instinto' o cualquier otro tipo de motivación individual..."

"Concluimos que la biología no condena a la humanidad a un estado de guerra, y que ésta puede liberarse de la carga del pesimismo biológico. La violencia no es nuestro legado evolutivo ni es parte de nuestros genes. La misma especie que inventó la guerra es capaz de inventar la paz."

Clasificación del comportamiento: "Una rosa con cualquier otro nombre, sigue siendo una rosa..."

"Le pedí a mi suegro que se abstuviera de fumar habanos en mi casa. ¿Fue un comportamiento asertivo o agresivo?"

Es muy común que en grupos de entrenamiento en asertividad, los miembros se pregunten cómo distinguir una acción "asertiva" de una "agresiva". ¿Cuál es el criterio para lograrlo?

Ya hemos mencionado que la diferencia principal entre los dos tipos de comportamiento es que el agresivo regularmente incluye lastimar, manipular, o "pasar sobre los demás" para lograr la auto-expresión.

Algunos psicoanalistas aseveran que la intención es de suma importancia. Esto es, si usted tuvo la intención de hacer sentir mal a su suegro, entonces fue agresivo; pero si únicamente deseaba informarle de sus deseos, usted actuó asertivamente.

Otros psicólogos proponen que el comportamiento debe ser clasificado de acuerdo con sus efectos. Esto es, si su suegro acusa recibo del mensaje asertivo y accede a sus deseos, entonces su comportamiento debe considerarse asertivo. Pero si se molesta o reacciona de manera violenta, muy probablemnte la manera en que usted expresó sus deseos haya sido igualmente agresiva.

Para finalizar, como hemos mencionado con anterioridad, el *contexto sociocultural* también debe considerarse para la clasificación del comportamiento. Por ejemplo, una cultura que por idiosincracia considera el respeto y la obediencia a los ancianos como virtud, opinará que su solicitud estuvo totalmente fuera de lugar y fue por demás agresiva, sin importar la intención ni la reacción.

No hay una respuesta absoluta en esto y los criterios pueden entrar en conflicto. Una acción específica puede ser asertiva *en comportamiento y en intención* (usted deseaba expresar sus sentimientos y lo hizo), obtener una respuesta agresiva (la otra persona no fue capaz de aceptar su asertividad) y también ser no asertiva en el contexto social (su cultura espera un estilo más fuerte). Aquí podemos aplicar el dicho popular "cada cabeza es un mundo".

Cada situación debe ser evaluada por separado, ya que los ejemplos que mencionamos son limitados. La pregunta: "¿Actué de un modo asertivo o agresivo?", no es fácil de responder. Los conceptos "asertivo", "no asertivo" y "agresivo" no son soluciones en sí mismos, pero pueden ser de gran utilidad para ayudarnos a encontrar las respuestas más apropiadas para cada circunstancia.

Nuestra única preocupación no estriba en los conceptos, sino en darle a usted las herramientas necesarias para que logre elegir el comportamiento que más desee adoptar, y por medio de esto, alcanzar sus metas.

Consecuencias sociales de la asertividad

Aunque nuestro propósito es enseñarle a mejorar su capacidad de expresión de manera apropiada y responsable, también creemos que el comportamiento asertivo debe ser apropiado a su contexto. Así como la libertad de expresión no nos da derecho a gritar "¡fuego!" en un atestado teatro sin motivo alguno, la forma de autoexpresión que recomendamos es una que tome en cuenta sus consecuencias.

Su derecho personal de decir "no" coexiste con el del vecino para decir "sí". Su deseo de alcanzar sus objetivos asertivamente debe tener en cuenta las necesidades de la sociedad en que vive. Usted puede hablar o escribir sobre cualquier idea que apoye, pero debe reconocer que todos tienen el derecho de hacer lo mismo. Si al expresarse usted va más allá de las palabras o incurre en algún delito, debe estar consciente que tendrá que pagar por eso. Del mismo modo que existen impuestos para aquellos que acumulan riquezas, existe un precio para la libertad de expresión.

Al igual que usted, todos tenemos el perfecto derecho de expresar nuestros puntos de vista. En el camino al logro de una mayor asertividad, tenga esto siempre en cuenta.

Diez cualidades importantes del comportamiento asertivo

Para resumir, aquí incluimos diez cualidades clave de un comportamiento asertivo, el cual es:

1 Expresivo
2 Respetuoso de los derechos de los demás
3 Honesto
4 Directo y firme
5 Igualitario, que beneficie a la persona y a la relación

6 Verbal, incluyendo el contenido del mensaje
(sentimientos, derechos, hechos, opiniones, peticiones,
límites)

7 No-verbal, incluyendo el estilo del mensaje (contacto
visual, voz, postura, expresión facial, gestos, distancia,
oportunidad, fluidez, atención)

8 Apropiado a la persona y a la situación (no universal)

9 Socialmente responsable

10 Aprendido, no innato

Ahora tiene usted una idea más clara de lo que significa ser
asertivo y muy probablemente ya esté listo para empezar a trabajar
por aumentar su asertividad.

En el capítulo siguiente estudiaremos varios ejemplos de situaciones que requieren un comportamiento asertivo. Muy probablemente usted estará familiarizado con algunas de ellas.

5

EJEMPLOS DE COMPORTAMIENTO ASERTIVO, NO ASERTIVO Y AGRESIVO

"…Existen tres formas fundamentales de comunicarnos con los demás: la primera es considerar únicamente nuestros objetivos sin tener en cuenta los de los demás; la segunda, considerar sólo los derechos de otros; y la tercera, el justo medio: ser la primera prioridad para nosotros mismos pero tomar en cuenta a los demás."

Joseph Wolpe

Para mejorar nuestra comprensión de los diferentes modos de comportamiento que hemos estudiado, consideraremos a fondo algunas de las situaciones más comunes. Usted quizá desee detenerse a analizar sus propias reacciones ante las situaciones que presentamos, antes de leer las alternativas presentadas en el libro. Los ejemplos se han simplificado para poderle mostrar las ideas de una forma más clara.

En el restaurante

Pedro y Ana se encuentran cenando en un restaurante no muy caro.
Pedro ordena una carne término medio, mas cuando le sirven, se da
cuenta que está bien asada. Su reacción puede ser:

No asertiva. Pedro se queja con Ana de su carne "quemada" y
jura no volver a ese lugar. Cuando la mesera pregunta si todo está
bien, su respuesta es afirmativa. Su cena y su cita se han arruinado
y se siente molesto consigo mismo por no haber hecho nada al
respecto. Su autoestima y su imagen ante Ana se han devaluado
debido a su falta de asertividad.

Agresiva. Pedro, furioso, llama a la mesera, la trata injustamente y le grita por haber cometido ese error. Su reacción la pone
en ridículo y provoca que Ana se sienta apenada. Finalmente, le
traen otra carne. Él se siente en control de la situación pero la
reacción de Ana crea fricción entre ellos y arruina la cita de igual
manera. Por otra parte, la mesera se siente humillada y molesta el
resto de la noche.

Asertiva. Pedro llama a la mesera y le hace notar que la orden
está equivocada, mostrándole la carne bien asada. Le pide que se
la cambien de una manera firme, pero amable. La mesera se
disculpa por el error y enseguida le cambia la orden. Pedro y Ana
disfrutan su cena y él se siente satisfecho de sí mismo. Por su parte,
la mesera se siente bien por haber complacido a su cliente y por su
generosa propina.

Objetos prestados

Elena es sobrecargo; brillante, sociable, trabajadora, aceptada y querida
por todos. Un viernes que decide pasar una velada tranquila en casa,
Diana, una de las muchachas con quienes comparte un departamento,

le pide prestado un collar nuevo y bastante caro para ir a su cita con "alguien muy especial". El collar significa mucho para Elena por ser un regalo de su hermano y se siente reacia a prestarlo. Su reacción puede ser:

No asertiva. A pesar del significado tan especial del collar y de que siente que es algo demasiado personal, Elena accede a prestarlo y se resigna a la ansiedad que le produce pensar que la alhaja se pueda perder o dañar. Ignora su derecho de negar el favor, premia a Diana por hacer una solicitud irrazonable y se preocupa toda la velada.

Agresiva. Elena se siente indignada con su amiga y le responde groseramente por atreverse a hacerle "una petición tan tonta". Humilla a Diana y queda mal ella y después se siente incómoda y culpable. Por su parte, Diana arruina su cita porque no puede olvidar el incidente. A partir de entonces, la relación entre las dos amigas se vuelve tensa y difícil.

Asertiva. Elena explica a Diana lo mucho que el collar significa para ella. De una forma amable, aunque firme, le hace ver que no puede prestárselo por ser algo tan personal. Diana se siente un poco decepcionada pero acaba por comprender la situación y Elena se siente bien consigo misma por haber sido honesta. La cita de Diana es un éxito.

¡Vamos!... ¡Prueba!

Susy es una estudiante activa y sociable. Últimamente ha estado saliendo con un muchacho llamado Jorge a quien estima mucho. Una noche, él la invita a una pequeña reunión con otras dos parejas. Jorge le presenta a todos y Susy empieza a pasar un buen rato. Tiempo después, uno de los presentes saca una pequeña bolsa con cocaína; todos reaccionan con alegría, excepto Susy. Nunca ha probado droga alguna y no le gustaría empezar ahora. Sin embargo, no sabe qué hacer cuando Jorge le ofrece un poco. Su manera de responder puede ser:

No asertiva. Acepta la droga y finge haberla usado antes. Observa con cuidado la manera en que los demás la inhalan y tiembla ante la posibilidad de que le ofrezcan más. Además, se siente preocupada por lo que Jorge estará pensando de ella. Sabe que no ha sido honesta con él ni consigo misma y siente remordimiento por haber hecho algo que no deseaba.

Agresiva. Susy se muestra visiblemente molesta cuando le ofrecen la droga, recrimina públicamente a Jorge por llevarla a una reunión con "esa clase de gente" y le exige que la lleve a su casa de inmediato. Cuando los demás tratan de calmarla, diciéndole que no tiene que probarla si no lo desea, Susy les contesta en forma grosera. Jorge se siente humillado, apenado ante sus amigos y muy decepcionado con ella. Trata de ser cordial al llevarla a casa pero nunca la vuelve a invitar a salir.

Asertiva. Susy no acepta la droga, replicando simplemente "no quiero, gracias". Le pide a Jorge que la lleve a su casa y en el camino le hace saber que está molesta porque él no mencionó nada acerca de la droga antes de ir a la fiesta. También le hace ver que la expuso a un posible arresto si la policía los hubiera descubierto. Asimismo, le advierte que si continúa usando drogas, terminará la relación.

Pasada de peso

Paco y Malena llevan nueve años de casados. Recientemente han tenido problemas porque él considera que Malena ha engordado mucho y necesita bajar de peso. Continuamente saca a relucir el tema, diciéndole que no es la misma mujer con la que se casó (quien pesaba once kilos menos). Paco señala con insistencia que la gordura es mala para su salud y que es un mal ejemplo para los niños.

Siempre se burla de ella por estar "gordita" y suspira por las mujeres delgadas, comentando siempre su atractivo. Aun en presencia de amigos mutuos, Paco acostumbra llamar la atención al "problema" de Malena. Este comportamiento se ha repetido constantemente los últimos tres meses y ella se siente muy molesta. Aunque ha tratado de bajar de peso, todos sus esfuerzos han sido en vano. Después de la última racha de críticas de Paco, Malena reacciona de un modo:

No asertivo. Se disculpa por su sobrepeso, inventa excusas tontas o simplemente ignora los comentarios de su esposo. En su interior siente hostilidad hacia él y culpabilidad por su sobrepeso. Su ansiedad le dificulta más bajar de peso y los problemas continúan.

Agresivo. Malena reacciona de un modo violento, diciendo que él tampoco es el hombre con quien se casó y saca a relucir el hecho de que Paco pasa la mitad del tiempo dormido en el sofá y es un pésimo amante; además, no le presta la atención que ella merece. Se queja de que constantemente la humilla frente a los niños y los amigos, y de que se comporta como un "viejo rabo verde" cuando mira a otras mujeres. Con su enojo lo único que consigue es herir a Paco y distanciarse más de él.

Asertivo. Malena habla a solas con su esposo y le dice que está de acuerdo en que debe bajar de peso pero que no le gusta la forma en que él la acosa continuamente. Menciona que está haciendo su mejor esfuerzo y que no ha podido bajar y mantenerse en un peso menor. Paco admite que molestarla a toda hora no conducirá a ninguna parte. Juntos buscan una solución al problema y él promete hacer lo posible por apoyarla.

El hijo del vecino

Edmundo y Virginia tienen un niño de dos años y una bebita. Las últimas noches, el hijo del vecino, de 17 años, ha estado escuchando el estereo de su automóvil a todo volumen, justo a la hora de dormir de los niños. *Aunque el muchacho se estaciona en su propio patio, éste está precisamente frente a la ventana del cuarto de ellos, quienes, lógicamente, no pueden dormir hasta que la música termina. Edmundo y Virginia están muy molestos y reaccionan de un modo:*

No asertivo. Se llevan a los niños a su propia recámara al otro lado de la casa y esperan hasta que el ruido termine (cerca de la una de la mañana), para regresarlos a su cuarto. Se acuestan mucho más tarde de lo acostumbrado; se quejan en privado sobre el muchacho y la relación con sus vecinos se vuelve tensa.

Agresivo. Llaman a la policía y se quejan de que "un vago" está alterando la paz pública, exigiéndoles pongan fin al problema de inmediato. Las autoridades hablan con el muchacho y con sus padres, quienes se molestan mucho y se sienten avergonzados por haber sido amonestados de esa manera. Después, reclaman a Edmundo y Virigina por acudir a la policía sin hablar antes con ellos y deciden no volver a dirigirles la palabra.

Asertivo. Edmundo habla con el muchacho y le explica que la música no deja dormir a sus hijos. Sugiere llegar a un acuerdo que permita al adolescente escucharla sin perturbar el sueño de los niños. Aunque no de muy buena gana, el muchacho accede a bajar el volumen y aprecia que Edmundo haya hablado con él antes de tomar otras medidas. Ambos se sienten complacidos con el resultado y acuerdan hacer un seguimiento una semana después para ver si todo va como lo planearon.

El perdedor

Roberto es un muchacho de 22 años que ha abandonado sus estudios de bachillerato. Ahora trabaja en una fábrica de plásticos y vive solo en un cuarto pequeño en la azotea de un edificio de departamentos. En los últimos catorce meses, Roberto no ha salido con ninguna muchacha. Abandonó la escuela después de una serie de situaciones deprimentes:

malas calificaciones, reportes a sus padres y acoso de algunos de sus compañeros. En dos ocasiones ha pasado noches en la cárcel por ingerir bebidas embriagantes en la vía pública.

Hace dos días Roberto recibió una carta de su madre en la cual le pregunta cómo está pero le da grandes detalles de los éxitos recientes de su hermano. El día siguiente el supervisor le llama la atención por un error que en realidad él no cometió y una secretaria, a quien invita a cenar, lo rechaza.

Al llegar a casa esa misma noche, Roberto se siente bastante deprimido. Para empeorar las cosas, el casero lo espera en la entrada para exigirle el pago de la renta y quejarse de sus borracheras. Roberto puede responder de una manera:

No asertiva. Carga con el ataque del casero, aumentando su depresión y sus sentimientos de culpa e impotencia. Se pregunta cómo su hermano puede tener tanto éxito mientras que a él todo le sale mal. La crítica del supervisor y la negativa de la secretaria a salir con él refuerzan su convicción de que "no sierve para nada". Finalmente, decide que el mundo estaría mejor sin él y considera el suicidio.

Agresiva. La actitud del casero es "la gota que derrama el vaso". Roberto reacciona violentamente y, haciendo el casero a un lado de un empujón, se dirige hacia su cuarto. Una vez ahí, decide vengarse de aquellos que lo han humillado: el supervisor, la secretaria, el casero y quizá algunas otras personas. Entonces recuerda las armas que vio hace unos días en una casa de empeño.

Asertiva. Roberto responde de una manera firme ante el casero, recordándole que siempre ha pagado la renta puntualmente. También le hace notar que el día de pago es hasta la próxima semana y menciona que la reparación de la escalera y el sistema de drenaje debieron haberse llevado a cabo hace varios días. La mañana siguiente, después de reflexionar sobre el curso que ha tomado su vida, decide visitar una clínica de salud mental y recibir ayuda profesional. En el trabajo, se dirige al supervisor y calmadamente le explica la razón del error. Aunque un poco a la defensiva, éste reconoce que reaccionó de una manera demasiado violenta y se disculpa con Roberto.

Reconocimiento de su comportamiento agresivo y no asertivo

Los ejemplos de este capítulo nos muestran el verdadero significado de la palabra "asertividad" en la vida diaria. Tal vez algunos le hicieron pensar en situaciones similares por las que usted ha atravesado. Tómese unos momentos para analizar honestamente sus relaciones con los demás, especialmente con aquellas personas que son importantes en su vida. Examine con detenimiento su comportamiento para con sus padres, amigos, colegas, compañeros de clase, cónyuge, hijos, jefes, maestros, vendedores, vecinos y parientes. ¿Quién se impone generalmente en sus relaciones? ¿Se aprovechan de usted con facilidad? ¿Puede expresar sus ideas y sus sentimientos con sinceridad la mayor parte del tiempo? ¿Se aprovecha usted de los demás o hiere sus sentimientos con frecuencia?

Sus respuestas a estas preguntas le darán la clave para estudiar con mayor cuidado su manera habitual de conducirse. En el capítulo 7, le proporcionaremos un método más sistemático para esta evaluación personal, así como el "Inventario de asertividad" para llenar. Pensamos que esta manera de auto-examinarse le traerá grandes beneficios y significará un paso importante para mejorar sus relaciones interpersonales.

6

"¡NO SUPE QUÉ DECIR!" COMPONENTES DE UN COMPORTAMIENTO ASERTIVO

Se necesitan dos para decir la verdad: uno para hablar y otro para escuchar.

Henry David Thoreau

La autoexpresión es una necesidad humana universal. Cada individuo tiene una forma única de expresarse que consiste en los componentes que describimos en este capítulo. Aunque las diferencias individuales hacen que el "mundo gire", podemos aprender a desarrollar las aptitudes necesarias para lograr una buena comunicación. ¿Qué tan eficaz es la suya?

Muchas personas piensan que la asertividad no es otra cosa que un comportamiento verbal y que para manejar una situación de una forma eficaz simplemente debemos usar las palabras adecuadas. Nosotros hemos encontrado que para expresar un mensaje en forma asertiva es mucho más importante la manera en que lo decimos, que lo que decimos. Aunque es muy común entre las personas que dan cursos de asertividad ofrecer alternativas como: "qué debe decir cuando...", nosotros no lo haremos. Nuestro objetivo principal es motivar la honestidad y una forma directa de expresar lo que deseamos y parte de ese mensaje se comunica de un modo *no verbal*.

Para ilustrar mejor este punto, usualmente preparamos una pequeña representación de papeles para los participantes en nuestros grupos: David es un cliente insatisfecho que desea regresar una copia defectuosa del libro *Todo lo que siempre quiso saber acerca de la asertividad pero temía preguntar*. Miguel es el dependiente en la librería. Usando exactamente las mismas palabras, "Compré este libro la semana pasada y descubrí que le faltan 20 páginas. Quiero un ejemplar completo o la devolución de mi dinero", David habla con Miguel en tres formas diferentes.

1. Se acerca al mostrador de un modo lento y vacilante. Mira hacia el piso y al hablar lo hace murmurando, parece que su rostro forma parte de la portada. Sujeta fuertemente el libro y su postura revela una actitud de temor.

2. Se dirige al mostrador, mira a Miguel con furia y le habla con un tono que se escucha en toda la tienda. Su postura y su expresión agresiva son un gesto obvio para intimidar al dependiente.

3. Se aproxima al mostrador y se detiene frente a Miguel. Su postura es relajada y erguida; sonriendo, mira directamente a Miguel con expresión amigable. Con tono y volumen agradables, le comunica el problema y le muestra el lugar donde faltan las páginas.

Desde luego, en nuestra actuación exageramos un poco estos comportamientos, pero creemos que nuestro punto queda bastante claro. El comportamiento no asertivo, inseguro, con que David se acerca a Miguel en el primer caso, hace que éste se dé cuenta que, a la menor resistencia que oponga, su cliente dará la media vuelta y se irá sin causar problemas. En el segundo caso, David tal vez logre su cometido, pero su actitud agresiva sembrará hostilidad y odio a su paso. En el tercer caso, el comportamiento asertivo que muestra David lo ayuda a lograr su objetivo; asimismo, el dependiente se siente complacido por haber sido útil y resolver el problema de un cliente respetuoso y amable.

Los componentes de un comportamiento asertivo

Por medio de observaciones sistemáticas, los científicos de la conducta han concluido que existen varios componentes que contribuyen a lograr un comportamiento asertivo. El difunto Michael Serber, psiquiatra de California, realizó un exhaustivo trabajo en la capacitación en asertividad durante los años sesenta y setenta, mismo que ha tenido gran influencia en nosotros.

Examinemos en detalle los componentes clave del comportamiento asertivo.

Contacto visual. Uno de los aspectos más obvios del comportamiento al hablar con otra persona es hacia dónde dirigimos la mirada. Si usted mira directamente a una persona al hablarle, esto le ayudará a comunicar su sinceridad y a aumentar la precisión de su mensaje. Si usted fija la vista en el piso o en cualquier otro lugar, está mostrando inseguridad o falta de respeto. Por el contrario, si usted mira a la otra persona fija o insistentemente provocará que se sienta molesta e invadida.

Tampoco creemos que el contacto visual se deba exagerar. Si miramos a una persona continuamente provocaremos que se sienta incómoda. Esto, además de no ser apropiado ni necesario, puede parecer un juego. Debemos considerar también que el contacto visual es una variable cultural: lo que para nosotros es aceptable, en otras culturas no lo es, especialmente entre personas de diferentes edades y sexo. A pesar de estos factores, la importancia del contacto visual es obvia. Una mirada relajada y directa, desviada en las ocasiones apropiadas, ayuda a que la conversación sea más personal, a mostrar interés y respeto por la otra persona y a precisar el mensaje.

Al igual que otros componentes de nuestro comportamiento, si nos esforzamos, podemos mejorar nuestro contacto visual. Si estamos conscientes de él al hablar con otros, podremos mejorarlo al máximo.

Postura corporal. Cuando mire a otras personas que hablan entre sí, observe con cuidado su postura. Le sorprenderá darse cuenta que muchos conversan sin orientar sus cuerpos hacia su interlocutor. Muchos se sientan cerca y sólo giran la cabeza al hablar. La próxima vez que usted se encuentre en la misma situación, se dará cuenta que, con un pequeño giro de su torso, digamos unos 30 grados, hacia la otra persona, la conversación se tornará mucho más personal.

Es posible tomar una postura relativamente "dominante" en una conversación con sólo incorporarse o sentarse. Esta desigualdad de circunstancias puede verse fácilmente cuando un adulto alto habla con un niño pequeño; si el adulto es sensible y decide ponerse en cuclillas o inclinarse notará una gran diferencia en la calidad de la comunicación y una mayor receptividad en el niño.

Cuando se encuentre en una situación en la cual le sea necesario manifestar firmeza, es recomendable asumir una posición erguida, activa y de frente a su interlocutor. Esto prestará mayor fuerza y asertividad a su mensaje. Una posición corporal encorvada y pasiva le brinda una ventaja inmediata a la otra persona. Lo mismo sucede si tiende usted a inclinarse hacia atrás o a alejarse. ¿Recuerda la actitud de David al dirigirse al empleado de la librería en el primer ejemplo?

Distancia y contacto físico. Un aspecto interesante de las investigaciones multiculturales sobre la comunicación no verbal es la relación entre la distancia y la cercanía física durante una conversación. En términos generales, podemos decir que en Europa y en América es común una mayor distancia entre interlocutores cuanto más al norte se viaje; y existen también diferencias importantes entre los distintos grupos étnicos los cuales aprecian la cercanía y el contacto corporal en distintos grados.

La necesidad de cercanía no está necesariamente relacionada con el clima. Los aspectos culturales y sociales son producto de complejos factores históricos. Es fascinante observar el contraste entre la distancia tan respetuosa y casi obligatoria en una fila de personas que esperan un autobús en Londres y los empujones y el contacto corporal en el guardarropa de un teatro de Moscú en una función de invierno. En el mundo árabe, es costumbre que los hombres se saluden con un abrazo y un beso y se acerquen mucho al entablar una conversación. Es interesante que esta misma conducta suya hacia una mujer se considere inapropiada, cuando que en Estados Unidos y el sur de Europa es algo bastante común.

La distancia que guardamos al conversar ejerce un efecto considerable en la comunicación. Sentarse o pararse demasiado cerca y tocarse sugiere intimidad en una relación, a menos que las personas formen parte de una multitud o se encuentren en un lugar muy reducido. Un ejemplo clásico de lo embarazoso que puede ser una cercanía excesiva es la incomodidad que experimentamos al viajar en un elevador lleno de extraños. Acercarse demasiado puede ofender a la otra persona, ponerla a la defensiva, o abrir las puertas a una mayor intimidad. Sería interesante constatar verbalmente cómo se siente la otra persona respecto a su cercanía.

Ademanes. Nuestra expresión corporal puede añadir calor, énfasis y sinceridad a nuestro mensaje verbal. Bob Alberti —uno de los autores— está convencido que su manera de mover las manos, los brazos y el cuerpo al comunicarse se debe a su ascendencia italiana. Aunque los ademanes entusiastas en efecto forman parte del condicionamiento cultural, su uso de manera relajada puede añadir intensidad y fuerza a nuestra comunicación verbal y sugerir franqueza, seguridad y espontaneidad (siempre y cuando no sean erráticos ni nerviosos).

Expresión facial. ¿Ha visto alguna vez a alguien tratar de expresar enojo sonriendo al mismo tiempo? Es simplemente imposible. Una comunicación eficaz requiere una expresión congruente; un mensaje de ira es más impactante cuando va acompañado de una expresión facial seria y firme. Por el contrario, un mensaje amistoso no puede ser expresado frunciendo el ceño. ¡Permita que su cara comunique lo mismo que sus palabras!

Si se mira usted al espejo, podrá aprender mucho sobre su expresión facial. Primero, relaje los músculos de la cara lo más posible. Deje que su expresión desaparezca, relaje los músculos de la boca, no permita ninguna tensión en sus mandíbulas, suavice las mejillas, las líneas de su frente y el área alrededor de los ojos. Ponga atención a sus sentimientos de relajación y tranquilidad. Ahora sonría, estirando los labios hacia arriba lo más que pueda. Sienta cómo la tensión muscular llega hasta sus mejillas, alrededor de sus ojos y a sus oídos. Mantenga la sonrisa por unos minutos, contemple su expresión y concéntrese en los sentimientos de tensión. Ahora relaje la cara nuevamente. Note la diferencia entre la tensión y el relajamiento, y entre sus expresiones ante el espejo.

Una mayor conciencia de las sensaciones producidas por sus músculos faciales en diferentes expresiones y de la manera en que luce cuando sonríe y cuando está relajado, le permitirá un mayor control de su expresión y le ayudará a hacerla congruente con lo que esté usted pensando, sintiendo o diciendo. Asimismo, podrá desarrollar una sonrisa más natural, menos "plástica", para esas ocasiones en que realmente quiera expresar su alegría al máximo.

Tono de voz, inflexión y volumen. La forma de utilizar nuestra voz es vital para la comunicación. Las mismas palabras pronunciadas con las mandíbulas apretadas en señal de ira expresan un mensaje completamente diferente cuando son dichas en voz alta y con gran alegría o susurradas con temor.

Una voz bien modulada y serena puede convencer sin intimidar; un susurro monótono difícilmente podrá convencer a alguien de nuestra seriedad en los negocios. Por otra parte, elevar demasiado la voz hará que nuestro interlocutor se ponga a la defensiva.

En nuestros días, la voz es uno de los aspectos de la comunicación más fáciles de evaluar por nosotros mismos. Seguramente usted tiene acceso a una grabadora con la cual puede practicar diferentes "estilos" de voz. Por ejemplo, adopte un tono de conversación; después, trate de expresar enojo levantando la voz; cambie a un tono persuasivo; o a uno afectivo. Quizá se sorprenda al constatar cuán tímidamente expresa la ira, o qué tando eleva la voz al "conversar".

Tres características de la voz que debemos considerar son:

Tono (¿tiene usted tono áspero, lastimero, seductoramente suave, iracundo?);

Inflexión (¿tiende a enfatizar ciertas sílabas como al hacer una pregunta? ¿Habla usted "cantando" o, por el contrario, tiene un estilo monótono de expresarse?);

Volumen (¿se expresa usted en voz baja, levanta la voz más que los demás para ser escuchado, o le resulta difícil hacerlo aun cuando es necesario?).

Si aprende a controlar y a utilizar su voz con eficacia, habrá adquirido un poderoso instrumento de expresión personal. Practique con una grabadora y experimente con varios estilos hasta lograr el que más le agrade. Recuerde que es necesario un cierto tiempo para efectuar cambios en nuestras costumbres. No se apresure, pero utilice la grabadora regularmente para evaluar su progreso.

Fluidez. El psiquiatra Mike Serber ideó la técnica "véndame algo", que consiste en pedir a sus pacientes que traten de persuadirle de comprar un objeto, un reloj por ejemplo, en treinta segundos. A muchas personas se les dificulta encadenar sus palabras durante ese lapso.

Hablar con fluidez es un instrumento valioso para comunicar nuestros pensamientos con eficacia en cualquier conversación. No es necesario hablar rápidamente por largo tiempo, pero si interrumpe usted su charla con largos periodos de duda es posible que aburra a sus escuchas y dé la impresión de no estar seguro de sí miso. Un comentario preciso y lento se entiende mejor y es más eficaz que un estilo apresurado, errático y lleno de pausas.

Una vez más, una grabadora puede ser de gran ayuda. Trate usted de grabar un monólogo sobre algún tema que le sea familiar por treinta segundos. Después, escuche su voz y tome nota del número de pausas de tres segundos o más, así como de muletillas como "aah…" o "¿me explico?". Repita el ejercicio, más lentamente si es necesario y trate de eliminar las pausas e interrupciones. Después, aumente el grado de dificultad incursionando en temas menos familiares. Intente ser persuasivo, pretenda que responde a un altercado o que busca mantener un verdadero diálogo con un amigo. Asista a sesiones de grupo donde pueda recibir retroinformación.

El momento ideal. Nuestra meta es adquirir espontaneidad. Aunque el titubeo puede disminuir la eficacia de nuestra expresión, nunca es "demasiado tarde" para ser asertivo. Aun cuando el momento ideal haya pasado, es posible y recomendable expresar nuestros sentimientos a la misma persona tiempo después. En realidad, es tan importante mostrar lo que sentimos que los psicólogos han desarrollado técnicas especiales para ayudar a las personas a exteriorizar los sentimientos reprimidos hacia sus padres, por ejemplo, aun cuando éstos ya hayan fallecido.

La asertividad espontánea le ayudará a llevar una vida emocional sana y le permitirá conocer sus sentimientos más a fondo. En ocasiones es necesario un momento especial para expresar una emoción intensa. Por ejemplo, no es recomendable enfrentarse a alguien en presencia de terceros, pues la persona afectada se pondrá más a la defensiva.

Saber escuchar. Este aspecto es el que tal vez resulta más difícil de describir y de cambiar; sin embargo, puede ser el más importante. Escuchar asertivamente implica un interés activo por la otra persona. Requiere toda nuestra atención y, aunque no hace falta ninguna acción física de nuestra parte, es recomendable mantener contacto visual y ciertos ademanes, como asentir con la cabeza. Escuchar con atención demuestra respeto por la otra persona y exige que por un momento evitemos expresar nuestra opinión; pero esto no lo convierte en un acto falto de asertividad.

Escuchar no es simplemente oír sonidos; de hecho las personas sordas pueden ser buenos "escuchas". Saber escuchar puede implicar el dar retroinformación a la otra persona para así dejar claro que comprendimos lo que dijo. Para escuchar de una manera asertiva es esencial:

Sintonizarnos con la otra persona: interrumpir cualquier otra actividad, apagar el televisor, e ignorar cualquier distracción para concentrarnos en quien nos esté hablando.

Poner atención al mensaje: mantener contacto visual de ser posible e indicar que estamos escuchando asintiendo de vez en cuando o por medio de alguna expresión física.

Intentar activamente comprender el mensaje antes de responder: pensar en el mensaje subyacente, es decir, en los sentimientos detrás de las palabras, en vez de "interpretarlas" o tratar de dar una respuesta inmediata.

La asertividad incluye el respeto por los derechos y los sentimientos de los demás. Esto quiere decir una manera asertiva de *recibir* (sensibilidad para con las personas) tanto como de *enviar*.

Análogamente a otros componentes de la asertividad, saber escuchar es una aptitud que puede ser aprendida. Requiere un duro esfuerzo, paciencia y la participación de otros. Tal vez desee pedirle a algún compañero(a) que "practique" con usted ayudándose mutuamente a mejorar su capacidad para escuchar. Repitan lo que cada uno dice con sus propias palabras; de esta manera fortalecerán su capacidad de escuchar.

Escuchar eficazmente contribuirá a aumentar la calidad de sus relaciones interpersonales.

Pensamientos. Los pensamientos son otra característica de la asertividad que escapa la observación directa. Aunque por largo tiempo se ha intuído que nuestras actitudes influyen en nuestro comportamiento, no es sino hasta ahora que la investigación psicológica ha alcanzado el grado de sofisticación necesario para utilizar este conocimiento prácticamente. Los psicólogos Albert Ellis, de Nueva York, Donald Meichenbaum, de Ontario, así como el psiquiatra Aaron Beck, de Filadelfia, han logrado concentrar la atención en las dimensiones cognoscitivas del comportamiento.

El doctor Ellis redujo el proceso a tres pasos sencillos: (a) algo ocurre; (b) la persona lo percibe y lo interpreta en su interior; (c) la persona reacciona de alguna manera. La segunda parte (b), la percepción y el proceso cognoscitivo, es lo que se había ignorado en el pasado. Recientes descubrimientos en el campo de la "terapia cognoscitiva del comportamiento" han permitido desarrollar técnicas específicas para incrementar la asertividad en nuestros procesos mentales. De esta manera, puede usted aprender a controlar sus pensamientos tanto como su posición corporal, sus gestos y su contacto visual.

Obviamente, pensar es uno de los procesos más complicados del ser humano y, como podrá imaginar, los procedimientos para cambiar nuestros pensamientos y nuestras actitudes son igualmente complejos. Abordaremos esta área más a fondo en el capítulo 9, pero por ahora, considere solamente dos aspectos del pensamiento asertivo: sus ideas acerca de lo recomendable que es ser asertivo y lo que piensa para sí cuando se encuentra en una situación que requiere una acción asertiva. Por ejemplo, algunas personas no creen buena idea que nadie exprese sus sentimientos. Otros opinan que está bien que lo hagan los demás pero no yo. Si alguna de estas creencias le suena familiar, le recomendamos ponga especial atención al capítulo 9 y se esfuerce en pensar asertivamente.

Contenido. Dejamos esta característica obvia del comportamiento asertivo para el final para enfatizar que, aun cuando lo que decimos es importante, muchas veces lo es menos de lo que pensamos. Queremos motivarle a expresarse con sinceridad y espontaneidad. Esto significa que en lugar de reaccionar con malas palabras, exprese su ira con firmeza diciendo: "¡Estoy muy molesto por lo que acabas de hacer!". Muchas personas dudan porque no saben qué decir. Otras han descubierto que decir algo sobre sus sentimientos en el momento preciso es un buen paso.

Lo instamos a expresarse y asumir responsabilidad por sus sentimientos: no culpe a los demás por la manera como se siente. Note la diferencia entre decir "¡Es usted un estúpido!" y "Estoy muy molesto con usted". No hay necesidad de humillar a los demás con agresividad para expresar nuestra ira con asertividad.

Es posible imaginar una amplia variedad de situaciones que muestren la importancia de cómo se hace usted escuchar. El tiempo que le toma pensar en la palabra apropiada se aprovecharía más diciendo lo que siente. La meta final es expresarse con honestidad, espontaneidad y de una manera apropiada.

Los psicólogos Myles Cooley y James Hollandsworth desarrollaron un modelo con siete "componentes" —agrupados en tres categorías generales— para expresarnos con asertividad. Según ellos, *decir "no"* o *tomar una decisión* incluye indicar claramente lo que pensamos, explicar nuestras razones y expresar nuestra comprensión. *Pedir un favor* o *defender nuestros derechos* implica señalar el problema, hacer la solicitud y dejar la situación clara. Por último, *expresar nuestros sentimientos* se logra manifestando nuestras emociones en el momento justo. (Sería recomendable que practique cada una de estas categorías con su compañero o con su grabadora.)

La asertividad no depende sólo de saber expresarse pero para algunas personas sí resulta difícil encontrar la "palabra apropiada".

No queremos sugerir fórmulas prefabricadas ni "guiones memorizados" para la expresión asertiva, sino que utilice sus propias palabras y se dé cuenta que la manera de decir las cosas es, en última instancia, más importante que las palabras mismas. Un vocabulario amplio es una ventaja, claro está, y muchas personas sufren por carecer de él. Sin embargo, es frecuente que los clientes nos expresen claramente su sentir en una determinada situación y después nos pregunten: "¿Qué puedo decirle a esa persona?". La respuesta invariable es: "¡Lo mismo que acaba usted de decirme!".

La doctora Suzette Haden Elgin, en su conocida serie de libros sobre "sintonías", *The Gentle Art of Verbal Self-Defense* (El sublime arte de la defensa personal verbal) y sus secuelas, compara las relaciones interpersonales con la afinación de un instrumento musical. Existe ya una norma a la que aspiramos (un diapasón, por ejemplo) y usted debe afinar su instrumento gradualmente de acuerdo con ella. Del mismo modo, al hablar de comunicación, si lingüísticamente estamos "a tono", en armonía con los demás, podemos alcanzar nuestras metas más fácilmente. Sus palabras y sus expresiones no verbales pueden afinarse hasta que estén "a tono" con las de su interlocutor.

Una de las técnicas de este método es sintonizar nuestros sentidos, lo cual abarca el reconocimiento y ajuste a las preferencias sensoriales de la otra persona (vista, oído, tacto, olfato y gusto). De tal forma, alguien podrá decir "Ya veo...", mientras otro querrá decir exactamente lo mismo cuando responde "Te escucho...".

La sintonía es una síntesis creativa del trabajo de la ya finada terapeuta familiar Virginia Satir con los procesos de Programación neurolingüística. El objetivo es aprender a "leer" a nuestros oyentes y a comunicarnos de una forma que los motive a responder positivamente. Estos procedimientos son instrumentos valiosos para mejorar la comunicación, si se les utiliza con ética y cuidado. (Obviamente, podría prestarse al abuso.)

Para terminar con el tema del contenido, el psicólogo Donald Cheek, vecino y colega nuestro, señala la necesidad de adaptar nuestra asertividad a nuestro medio cultural. Especialmente en el caso de las minorías que pueden hallarse en condiciones de "supervivencia", él sugiere que lo que decimos debe tomar en consideración a *quién* lo decimos. La clase de lenguaje que sería considerado como asertivo en nuestro grupo cultural puede ser interpretado como agresivo por personas "extrañas".

Esto no quiere decir que debamos cambiar nuestra idiosincracia y adaptarnos a lo que cualquier situación nos plantee. Sin embargo, todos tratamos a cada persona en forma diferente, dependiendo de nuestra posición social y el grado de "poder" sobre nosotros que percibamos en la otra persona. Lo mejor es ser uno mismo y, para esto, la honestidad es la mejor guía.

Generalmente no es el contenido lo que confunde a las personas, sino la ansiedad, o la falta de aptitudes, o la creencia: "No tengo derecho de...".

Esperamos que este capítulo le haya hecho pensar más conscientemente sobre su forma personal de expresarse y le ayude a establecer metas para aumentar su asertividad. Con el propósito de familiarizarlo con los componentes y relacionarlos más directamente a su propia situación, le sugerimos evalúe sus puntos fuertes mediante este ejercicio:

- Dibuje siete líneas horizontales en una hoja de su bitácora personal, dejando unos 2 centímetros entre una y otra (si su bitácora es muy pequeña, use dos páginas).
- Titule cada línea con uno de los componentes descritos en este capítulo (contacto visual, expresión facial...).
- Divida cada línea en seis segmentos (ponga una marca cerca del centro y repita el proceso dividiendo cada segmento a la mitad formando tercios).
- En la parte superior de la hoja, cerca del extremo izquierdo de las líneas, escriba "Ejercitar más".
- En la parte superior de la hoja, cerca del centro de las líneas, escriba "Bien".

- También en la parte superior, en el extremo derecho de las líneas, escriba "Excelente".

Ejemplo

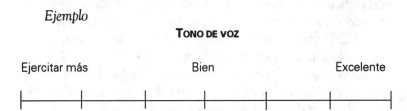

TONO DE VOZ

Ejercitar más   Bien   Excelente

- Ahora califíquese en cada uno de los componentes poniendo una marca sobre las líneas de acuerdo con cuán satisfecho esté usted con su habilidad en cada área. Por ejemplo, tal vez se sienta usted "Bien" en su nivel de contacto visual y su expresión facial en la mayoría de las circunstancias, pero considere que necesita "ejercitar más" sus ademanes y su voz. Si realmente tiene usted "facilidad de palabra", tal vez otorgue a Contenido la calificación de "Excelente". Tómese un momento para repasar las descripciones de cada contenido y para evaluar a fondo sus aptitudes. Asegúrese de anotar su progreso en su bitácora.

Una evaluación rápida como ésta necesariamente será imprecisa y requiere una evaluación "global" de sus aptitudes. (Sabemos y deseamos destacar que la asertividad varía en diferentes situaciones y de persona a persona.) Sin embargo, creemos que le resultará útil este "punto de referencia" y su consulta algunas semanas más adelante (tal vez repetir el ejercicio y anotar los resultados nuevamente en varias ocasiones) conforme vaya avanzando en su camino a una asertividad mayor.

En el capítulo siguiente le mostraremos otro valioso instrumento para ayudarle a evaluar su grado de asertividad.

7

MIDA SU ASERTIVIDAD

"No puede existir la grandeza donde no hay sencillez, bondad y verdad."

León Tolstoi

¿Qué sabe usted de su asertividad?

Las reacciones de los demás le pueden dar algunas pistas: su tía Clara le acusa de ser un descarado. Su jefe le pide que sea más firme con los clientes. Tal vez sus hijos piensan que debe "poner en su lugar" al mecánico. Quizá haya intentado hablarle al dependiente de una tienda y éste le respondió de mala gana.

Aunque estos comentarios y reacciones cotidianas como éstas le indican su grado de progreso hacia la asertividad, esperamos que usted evalúe su comportamiento de una manera más exhaustiva y sistemática.

Antes que nada, deseamos hacerle notar que uno de los problemas más difíciles para entrenadores y entrenandos es cómo medir la asertividad. Hasta ahora, se han desarrollado diferentes tipos de exámenes pero ninguno ha dado resultados exactos.

El Inventario de Asertividad que presentamos en las siguientes páginas tampoco es perfecto pero pensamos que le será útil para conocerse y comprenderse mejor.

Inventario de Asertividad

Robert E. Alberti y Michael L. Emmons

Las siguientes preguntas le auxiliarán a determinar su grado de asertividad. Responda con honestidad. Encierre en un círculo las respuestas que mejor lo describan. Para algunas preguntas la respuesta más asertiva es la 0; para otras, la 3. Clave: el 0 significa **no** o **nunca**; 1, **algunas veces** o **en cierto modo**; 2, **generalmente** o **una buena parte del tiempo**; y 3, **casi siempre** o **completamente**.

1. Cuando alguien es extremadamente injusto, ¿usted lo señala?   0 1 2 3
2. ¿Se le dificulta tomar decisiones?   0 1 2 3
3. Cuando no está de acuerdo con las ideas, opiniones o comportamientos de otros, ¿lo menciona abiertamente?   0 1 2 3
4. Cuando alguien toma su lugar en una fila de espera, ¿protesta usted y defiende su derecho?   0 1 2 3
5. ¿Evita usted a una persona o una situación por miedo a quedar en ridículo?   0 1 2 3
6. ¿Confía en sus propios juicios?   0 1 2 3
7. ¿Insiste en que su esposo(a) o su compañero de cuarto comparta justamente las tareas del hogar?   0 1 2 3
8. ¿Pierde el control con facilidad?   0 1 2 3
9. ¿Se le dificulta decir "no" cuando un vendedor se esfuerza en hacer su trabajo, aunque la mercancía no sea lo que usted quiere?   0 1 2 3
10. Cuando atienden primero a una persona que llegó después de usted, ¿lo menciona?   0 1 2 3
11. ¿Prefiere no opinar en una discusión o un debate?   0 1 2 3
12. Cuando presta dinero o un libro o algo de valor y la persona tarda en devolverlo, ¿se lo recuerda?   0 1 2 3
13. Cuando su interlocutor está ya enfadado, ¿insiste usted en continuar la discusión?   0 2 3 4
14. ¿Expresa usted generalmente sus sentimientos?   0 1 2 3

15. ¿Le molesta que alguien lo observe mientras desempeña su trabajo? 0 1 2 3

16. Si alguien patea o golpea su asiento en una conferencia o en el cine, ¿le pide que no lo haga? 0 1 2 3

17. ¿Es difícil para usted mantener contacto visual con su interlocutor? 0 1 2 3

18. En un buen restaurante, ¿le pide al mesero cambiar su orden, si no está bien preparada o servida? 0 1 2 3

19. Cuando compra algo defectuoso, ¿lo devuelve para que lo reparen? 0 1 2 3

20. Cuando está enojado, ¿profiere malas palabras o emplea un lenguaje ofensivo? 0 1 2 3

21. ¿Prefiere pasar desapercibido en eventos sociales? 0 1 2 3

22. ¿Insiste en que su conserje (mecánico, técnico) haga las reparaciones que le corresponden? 0 1 2 3

23. ¿Se inmiscuye usted en asuntos ajenos y trata de decidir por otros? 0 1 2 3

24. ¿Puede expresar amor y afecto abiertamente? 0 1 2 3

25. Es capaz de pedir a sus amigos ayuda o pequeños favores? 0 1 2 3

26. ¿Cree tener siempre la razón? 0 1 2 3

27. Cuando su opinión difiere de la de una persona a quien usted respeta, ¿es capaz de defenderla?

28. ¿Cuando un amigo le pide algo irracional, ¿puede usted decirle que no? 0 1 2 3

29. ¿Le cuesta trabajo expresar sentimientos de admiración y respeto? 0 1 2 3

30. Si le molesta que alguien fume, ¿se lo hace saber? 0 1 2 3

31. ¿Grita o intimida a otros para implantar su voluntad? 0 1 2 3

32. ¿Tiende usted a finalizar las frases de sus interlocutores? 0 1 2 3

33. ¿Hace uso de violencia física, especialmente con extraños? 0 1 2 3

34. ¿Controla la conversación en reuniones familiares? 0 1 2 3

35. Cuando conoce a un extraño, ¿es usted el primero en presentarse e iniciar la conversación? 0 1 2 3

Desde luego, el verdadero problema para determinar el grado de asertividad estriba en su carácter elusivo. No existe ninguna cualidad humana que se pueda señalar y calificar exclusivamente como asertividad. Se trata de un fenómeno complejo que depende tanto de las personas involucradas como de las circunstancias particulares.

Una evaluación exhaustiva de la asertividad debe basarse en una definición más adecuada de nuestro concepto actual y tomar en cuenta las cuatro dimensiones ya mencionadas: las situaciones, las actitudes, el comportamiento y los obstáculos.

Pero esto no significa que debamos abandonar nuestros esfuerzos para determinar nuestra asertividad personal. Puede ser de gran utilidad examinar nuestra vida de un modo sistemático e identificar nuestros puntos fuertes y débiles. Sin embargo, no debemos intentar sumar puntos y determinar "Mi calificación es de 73, así que debo ser muy asertivo".

Tómese unos minutos para llenar el Inventario de Asertividad; y hágalo con honestidad.

Después, continúe leyendo para analizar los resultados y algunos pasos específicos para ponerlos en práctica.

El Inventario no es un "examen psicológico", así que relájese y disfrute esta breve exploración de su capacidad de expresarse apropiadamente.

Muchos de nuestros lectores y alumnos en los cursos de asertividad tienen reacciones similares al completar el Inventario:

"¡Odio los exámenes!"

"Las preguntas son demasiado fáciles. Pude haber hecho trampa."

"No me sentía bien cuando lo llené."

Un inventario así es, por necesidad, muy general y quizá usted encuentre que algunas de las preguntas no son aplicables a su vida. Por desgracia, no podemos dialogar con las preguntas:

"¿Qué quieres decir?"

"Depende de la situación."

"Algunos días se me dificulta más actuar con asertividad."

¿Cuál es mi puntuación?

Al terminar el Inventario, muy probablemente usted querrá sumar los puntos. ¡No lo haga! No tiene ningún objeto. El grado de asertividad no se puede cuantificar. Como recordará, el concepto de asertividad está vinculado con la experiencia y las circunstancias personales.

Asimismo, el Inventario no es un examen psicológico estándar, pues no se han realizado los estudios necesarios para evaluar a conciencia y aprobar una prueba. Por tanto, no es adecuada una "calificación total".

Análisis de los resultados

Para analizar sus respuestas, sugerimos los siguiente pasos:

- Considere los sucesos individuales en su vida, tomando en cuenta personas o grupos particulares y, de acuerdo con ello, evalúe sus puntos fuertes y débiles.
- Considere sus respuestas a las preguntas 1, 2, 4, 5, 6, 7, 9, 10, 11, 12, 14, 15, 16, 17, 18, 19, 21, 22, 24, 25, 27, 28, 30 y 35, las cuales se orientan hacia un comportamiento no asertivo. ¿Sus respuestas le dicen que usted casi nunca se defiende? ¿O acaso son algunas situaciones específicas las que le dan problemas?
- Considere sus respuestas a las preguntas 3, 8, 13, 20, 23, 26, 29, 31, 32, 33 y 34, orientadas hacia un comportamiento agresivo. ¿Sus respuestas sugieren que trata de controlar a la gente en un grado mayor del que se imaginaba?

Después de completar estos tres pasos la mayoría de las personas nos confirman que la asertividad en sus vidas es *situacional*. Nadie actúa de un modo asertivo, agresivo o no asertivo todo el tiempo. Todos lo hacemos de las tres diferentes maneras, dependiendo de la situación. Es posible que usted tenga un estilo característico que se incline en una cierta dirección. Quizá usted descubra su "talón de Aquiles" y pueda así iniciar el necesario proceso de cambio.

- Lea el inventario otra vez y escriba en su bitácora un análisis de sus reacciones a cada pregunta. Por ejemplo:
  Pregunta 1. *Cuando alguien es extremadamente injusto, ¿usted lo señala?*
  Respuesta: 0
  Resumen: *Temo que si digo algo, la otra persona se molestará mucho. Tal vez pierda un amigo o quizá la otra persona me grite. Eso me haría sentir muy mal.*
- Revise toda la información generada en los pasos previos y empiece a llegar a algunas conclusiones generales. Considere específicamente cuatro aspectos de la información:

  …¿Qué situaciones fueron problemáticas? ¿Cuáles puede resolver fácilmente?

  …¿Cuál es su actitud respecto a expresar sus sentimientos? ¿Cree usted que generalmente es "buena"?

  …¿Cuáles son los obstáculos en contra de su asertividad? ¿Le teme a las consecuencias? ¿Existen otras personas en su vida que contribuyen a hacerla difícil?

  …¿Son suficientes las habilidades que posee para actuar con asertividad? ¿Se puede expresar bien cuando así lo requiere?

Sea muy cuidadoso al examinar estas áreas. Escriba comentarios en su bitácora, resumiendo sus observaciones personales. Si usted dedica tiempo ahora para reflexionar acerca de su estilo propio de expresión, le será muy útil para darse cuenta clara de sus necesidades, para fijarse metas y determinar los pasos a seguir en su programa de capacitación en asertividad.

VERIFIQUE SU PROGRESO

A lo largo del libro hemos incluido estas "pausas" para verificar su progreso. Nada demasiado formal, se trata de un chequeo periódico para ayudarlo a seguir por el camino correcto.

Responda las preguntas siguientes con honestidad. Sus respuestas le ayudarán a dar los pasos necesarios.

- ¿Ha leído y comprendido todo el material de los capítulos anteriores?
- ¿Las explicaciones y ejemplos encajan con su experiencia?
- Si la respuesta fue negativa, ¿puede adaptarlas a sus necesidades?
- ¿Ha respondido las preguntas y realizado los ejercicios que hemos sugerido?
- ¿La palabra "asertividad" tiene algún significado real para usted?
- ¿Se ha fijado metas preliminares para lograr desarrollar su asertividad?
- ¿Ya inició su bitácora de progreso?
- ¿Ha recurrido a ayuda externa para vencer su ansiedad o cualquier otro tipo de obstáculos?
- ¿Ha identificado los problemas específicos que le impiden actuar con asertividad: ansiedad, actitud, habilidades sociales?
- ¿Se recompensa a sí mismo por sus éxitos, sin importar lo insignificantes que parezcan?

8

¡HACIA LA META!

"Nunca juegues el juego de otros; juega el tuyo propio."

Andrew Salter

Un profesor de la universidad, muy admirado por todos, solía decir a sus alumnos que cambiar nuestra personalidad es como planear un viaje: debemos saber exactamente dónde estamos, decidir a dónde queremos ir y encontrar la manera de llegar.

La mayor parte del material hasta ahora presentado ha sido diseñado para que usted encuentre su posición respecto a la asertividad. En los siguientes capítulos veremos las diferentes formas de alcanzar nuestra meta; este capítulo es más bien un punto intermedio para que usted decida a dónde quiere llegar. Probablemente, el paso más importante y difícil sea fijar claramente sus metas.

¿Cómo puedo saber lo que quiero?

El entrenamiento en asertividad surgió del reconocimiento de que las personas viven mejor si son capaces de expresar lo que desean. Sin embargo, a algunos se les dificulta encontrar lo que realmente quieren en la vida. Si usted ha hecho siempre lo que los demás esperan y piensa que sus propios deseos son inconsecuentes, le resultará un poco difícil decidir qué es lo realmente importante en su vida.

Algunas personas parecen saber con exactitud lo que sienten y lo que desean. Si el perro del vecino ladra constantemente, ellas comprenden su sentir, ya sea molestia, enojo o miedo, y actúan de manera asertiva para resolver el problema.

A otros les es difícil reconocer sus propios sentimientos y saber lo que desean lograr de una cierta situación. Por lo general, titubean respecto a la asertividad, pensando: "¿Defender qué, si ni siquiera sé lo que quiero?" Si usted tiene este problema, le será de gran ayuda poner nombre a sus sentimientos: algunos de los más comunes son enojo, ansiedad, aburrimiento, incomodidad, miedo. Otros que experimentará en algún momento son: felicidad, irritación, amor, relajación, tristeza.

Algunas personas necesitan únicamente unos cuantos minutos de reflexión para concientizarse de lo que sienten en su interior. Otros probablemente necesitarán un método más activo. Generalmente, es muy útil decir algo a la persona interesada: "Me siento molesto, aunque no sé por qué" o tal vez, "Estoy deprimido". Comentarios como éstos le ayudarán a iniciar la búsqueda de sus verdaderos sentimientos y a ver sus metas de una manera clara.

Tal vez la incapacidad de reconocer sus sentimientos se deba a algún tipo de temor, esto es, un mecanismo inconsciente de protección. También es posible que esté tan desacostumbrado a expresar sus sentimientos que virtualmente ha olvidado lo que éstos significan. No se desanime. Siga adelante y trate de expresarse; seguramente irá comprendiendo mejor sus objetivos conforme avance. En realidad, es posible que lo único que usted deseaba era: ¡expresar algo! Es positivo incluso comenzar a concientizarse más profundamente de lo que siente y decidir cambiar de dirección a medio camino: "Al principio estaba enojado, pero después me di cuenta que lo que deseaba era atención".

Identificar los objetivos generales de su vida le será muy útil para llegar al fondo de sus sentimientos en cualquier situación. El comportamiento asertivo siempre implica un objetivo específico y, aunque parezca buena idea en lo general, por sí mismo es de poca utilidad.

En ocasiones se topará con que nuestras metas están en conflicto; por ejemplo, si desea mantener una relación armoniosa con su vecino, pero al mismo tiempo desea silenciar a su escandaloso perro. Su buena relación estará en peligro si usted se queja del perro. En estos casos, una evaluación clara de sus sentimientos y sus metas será vital para decidir qué hacer y cómo hacerlo.

Modelo de comportamiento para el desarrollo personal

El doctor Carl Rogers es el pensador que más ha influenciado el campo de la psicología en el siglo XX. Sus ideas fueron la base para el desarrollo de la llamada escuela del "potencial humano". La lista que aparece en las siguientes páginas fue preparada por el doctor Alberti a principios de los sesentas con el propósito de traducir las ideas del doctor Rogers sobre los diferentes tipos de comportamiento posibles en determinadas situaciones. Creemos que le será de gran utilidad leer y meditar sobre el siguiente *Modelo de comportamiento para el desarrollo personal*, especialmente con el propósito de aprender a definir sus metas.

Modelo de comportamiento para el desarrollo personal

Robert E. Alberti, Ph. D.

El doctor Carl Rogers, en su libro *On Becoming a Person* (Cómo desarrollar nuestra personalidad), identifica tres características esenciales para alcanzar un desarrollo personal saludable. El siguiente "modelo de comportamiento" se basa en ellas.

"Una creciente apertura a la experiencia"

¿Cuán recientemente ha

- … participado en un nuevo deporte o juego?
- …cambiado su opinión sobre un asunto (político, personal, profesional) importante?
- … iniciado un nuevo hobby o alguna actividad manual?
- … estudiado algo nuevo?
- … dedicado quince minutos o más a cuidar de la sensibilidad de su cuerpo (relajación, tensión, sensualidad)?
- … escuchado por más de quince minutos un punto de vista religioso, político, profesional o personal con el cual difiera?
- … probado un nuevo tipo de comida, percibido un olor diferente, escuchado un sonido nuevo?
- … llorado, dicho "te quiero", reído hasta las lágrimas, gritado hasta el límite de su capacidad pulmonar o admitido un sentimiento de temor?
- … observado una puesta de sol, una luna llena, un ave planeando en el cielo, o una flor abrirse al sol?
- … viajado a algún lugar que nunca haya visitado?
- … iniciado una nueva amistad o cultivado una ya antigua?
- … dedicado una hora o más a comunicarse a fondo escuchando activamente y respondiendo con honestidad con una persona de diferente cultura o raza?
- … hecho un "viaje fantástico", dejándose guiar por su imaginación por más de diez minutos?

"Una vida cada vez más existencial"

¿Cuán recientemente ha

- ... hecho algo que deseaba en ese momento sin preocuparse por las consecuencias?
- ... puesto atención a lo que realmente siente en su interior?
- ...expresado un sentimiento con espontaneidad: enojo, gozo, temor, tristeza, preocupación, sin pensar en ello?
- ... hecho lo que deseaba y no lo que pensaba que "debía" hacer?
- ... invertido tiempo o dinero en un placer inmediato en lugar de ahorrar para el mañana?
- ... comprado algo que le gustó en forma impulsiva?
- ... hecho algo que nadie (ni siquiera usted) esperaba que hiciera?

"Mayor confianza en nuestro organismo"

¿Cuán recientemente ha

- ... hecho lo que sentía correcto, en contra de las recomendaciones de otros?
- ... tratado de resolver viejos problemas de una manera diferente, desde una nueva perspectiva?
- ... expresado una opinión contraria asertivamente ante una mayoría que se opone?
- ... usado su propio criterio para dar solución a un problema difícil?
- ... tomado una decisión y actuado de acuerdo con ella?
- ... reconocido —por medio de sus acciones— que usted puede manejar su propia vida?
- ... pensado en su salud lo suficiente para hacerse un chequeo general (en un término de dos años)?
- ... hablado con otros acerca de su religión o su filosofía de la vida?
- ... asumido un puesto directivo en su profesión, en una organización o en su comunidad?
- ...expresado sus sentimientos al ser tratado injustamente?
- ...tomado el riesgo de compartir sus sentimientos con otra persona?
- ...diseñado o construido algo por su cuenta?
- ...reconocido haber estado equivocado?

Estructuración de sus metas

Ahora, seamos específicos. Escriba en su bitácora algunas de las metas que le ayudarán a desarrollar su asertividad en las semanas siguientes.

Empiece por pensar creativamente en lo que le gustaría obtener de este programa de desarrollo personal. Piense en su grado de asertividad y anote todo lo que se le ocurra sin pensar mucho en ello. Escriba con rapidez. No ignore ni critique sus ideas, aunque parezcan tontas. Trate de ser tan libre como pueda.

Una vez que tenga una lista general de metas posibles, abréviela incluyendo sólo metas específicas. ¿De qué puede constar esta lista? Considere seis criterios clave: factores personales, ideales, posibilidades, flexibilidad, tiempo y prioridades. Asegúrese que todos sus objetivos "califiquen" en términos de estas categorías.

Factores personales

Al evaluar sus metas específicas para desarrollar su asertividad, utilice lo que descubrió sobre sí mismo con la ayuda de su Inventario de Asertividad y las anotaciones de su bitácora.

En el capítulo 3, "Su bitácora de crecimiento personal", le sugerimos que registrara su comportamiento asertivo de acuerdo con cuatro categorías:

- *Situaciones* difíciles y fáciles para usted.
- Sus *actitudes* al expresarse.
- *Obstáculos* para su asertividad, tales como fobias o ciertas personas.
- *Habilidades* que usted posee para lograr un comportamiento asertivo, como el contacto visual, el volumen de su voz, los gestos.

Repase la información en su bitácora y trate de encontrar ideas que le ayuden a definir sus propias metas.

Ideales

Probablemente existan muchas personas que usted admira. Si elige las cualidades de uno o más "modelos" de comportamiento asertivo como ideales por los cuales esforzarse, automáticamente tendrá algunas metas específicas. Un ideal bien seleccionado le servirá de gran inspiración para lograr sus objetivos.

En los años 1981-1982 el boletín "Asertividad" (que ya no se publica), nominaba figuras públicas para su premio "La persona más asertiva del año". En el tiempo que duró el concurso, tres personas recibieron el premio por su destacada personalidad y sus logros académicos, los cuales eran considerados un gran modelo de comportamiento asertivo: Alan Alda, estrella de cine y televisión, Sonia Johnson, activista por los derechos de la mujer y Randall Forsberg, activista opositor a la producción y uso de armas nucleares. Usted puede o no estar de acuerdo con estas nominaciones, mas con toda seguridad puede pensar en muchas otras personas que poseen la clase de asertividad que usted busca.

Puede hallar un buen modelo en un amigo cercano, en un maestro a quien usted admire, una figura pública o algún personaje histórico. El comportamiento de esta persona puede ser la base de sus objetivos. Piense en las cualidades que posee que a usted le gustaría tener. Concéntrese en áreas como la seguridad en sí mismo, el valor, la persistencia y la honestidad. Compare su comportamiento con el del modelo que elija, téngalo siempre en mente y permita que su ejemplo le dé la motivación suficiente para mejorar su propia asertividad.

Posibilidades

Como hemos venido sugiriendo hasta ahora, proceda paso a paso hacia sus metas. No se apresure ni se proponga metas inalcanzables. Sea realista y haga algo cada día, gradualmente.

Morton Hunt, escritor y filósofo, es un buen ejemplo de lo acertado de esta recomendación; él cuenta la historia de cómo aprendió a enfrentarse a los grandes problemas de la vida recordando una experiencia tormentosa a la edad de ocho años, cuando él y unos amigos decidieron escalar un acantilado cerca de su casa. Casi a la mitad del recorrido, Hunt sintió un gran temor que lo paralizó completamente, impidiéndole avanzar. Estaba atrapado y no se sentía capaz ni de continuar ascendiendo ni de bajar. Sus amigos lo dejaron al acercarse la hora del ocaso.

Finalmente, su padre llegó en su auxilio, pero aun así Morton tuvo que descender por sí mismo. Su padre lo convenció de bajar y estableció con sus palabras el patrón para vencer el miedo en etapas futuras de su vida. Sus consejos se grabaron en su mente para siempre: "Avanza poco a poco... paso por paso... no te preocupes... por lo que viene... no mires demasiado adelante...".

Tiempo después, cuando Morton tuvo que enfrentarse a situaciones difíciles en su vida, siempre recordó esa sencilla lección: no te preocupes por lo que viene; empieza con el primer paso firme y deja que cada uno te dé las fuerzas para continuar. Finalmente, los centímetros que recorras se sumarán hasta alcanzar la meta deseada.

Los consejos que Hunt recibió de su padre son una guía excelente en nuestro camino hacia la asertividad. Recuerde siempre segmentar sus metas en unidades pequeñas y más fáciles de alcanzar. En poco tiempo, notará el cambio en su personalidad y esto le ayudará a lograr sus metas, una a la vez.

Flexibilidad

Decidir cuándo y cómo deseamos cambiar puede ser un proceso a la vez complejo e interminable. Las metas no pueden ser estáticas, cambian constantemente de acuerdo con las circunstancias de nuestras vidas.

Un día quizá quiso usted terminar sus estudios. Cuando finalmente lo hizo, se abrió ante sus ojos un mundo nuevo de posibilidades. O tal vez buscó ganar una cierta cantidad al año y cuando la alcanzó, ¡sus necesidades ascendían ya al doble! Después, cuando obtuvo ese nuevo puesto que tanto deseaba, se dio cuenta que sus nuevas responsabilidades no eran tan de su agrado como las anteriores.

El cambio es un factor constante. La clave para fijar metas alcanzables es mantenerlas lo suficientemente flexibles para poder adaptarlas a los inevitables cambios de la vida.

Tiempo

Marta Davis, Elizabeth Robbins Eshelman y Matthew McKay nos sugieren en su obra *Relaxation & Stress Reduction Workbook* (Cuaderno de trabajo para reducir el estrés y relajarse), listar nuestras metas de acuerdo al tiempo que nos lleve alcanzarlas. Aunque aplican el método a todo tipo de objetivos en la vida, aquí nos concentraremos en aquellos relacionados con la asertividad. Ejemplos:

Metas a largo plazo
- Ser más asertivo con mi pareja.
- Incrementar mi espíritu aventurero y aceptar riesgos.
- Reducir la ansiedad que siento al tratar de ser asertivo.
- Vencer mi temor al conflicto y a la ira.
- Lograr un buen entendimiento de cómo las experiencias de mi niñez afectaron mi grado de asertividad.

Metas a un año
- Elogiar con más frecuencia a las personas que estimo.
- Hablar en público con más frecuencia.
- Decir "no" y no dejarme persuadir de lo contrario.
- Incrementar mi contacto visual al comportarme con asertividad.
- No decir con tanta frecuencia "Lo siento" o "No quisiera molestarte".

Metas a un mes
- Devolver la aspiradora defectuosa a la tienda.

- Rechazar la oferta de formar parte del comité de trabajo.
- Actuar con más seguridad al disciplinar a mis hijos.
- Dedicar una noche a convivir con mi esposa(o).
- Escuchar casetes acerca de la asertividad.

Éstas son únicamente algunas ideas entre millones de posibilidades. Desarrolle sus propias listas con asertividad. Recuerde que nadie conoce sus necesidades mejor que usted.

Prioridades

Después de completar su lista de objetivos inmediatos, a mediano y a largo plazo, considere sus prioridades. Clasifique sus metas en tres grupos, por orden de importancia, como si fueran tres diferentes archivos:

Archivo #1. Contiene las metas de más importancia.

Archivo #2. Contiene metas que son importantes, pero pueden aplazarse.

Archivo #3. Contiene metas que pueden esperar indefinidamente sin causar mucho estrés.

Si selecciona dos metas importantes de cada una de las listas, tendrá seis objetivos prioritarios para alcanzar en un periodo de un mes. Cada mes puede escoger nuevas metas; algunas permanecerán en el archivo principal, otras no.

¡Hacia la meta!

Ahora ha identificado, evaluado y clasificado sus objetivos de acuerdo con su importancia y viabilidad. Ya está listo para seleccionar, y anotar en su bitácora, algunas de las metas en las que desee trabajar en las próximas semanas y meses. Olvídese de aquellas que no estén a su alcance por ahora. Actúe de modo práctico y concéntrese en los pasos a seguir en su camino hacia la asertividad.

Conforme usted desarrolle su proceso de selección, piense en su modelo o persona ideal. Asegúrese de que sus elecciones en general concuerden con las cualidades que usted desea adquirir. Obviamente, su comportamiento asertivo no será idéntico al de su modelo, de hecho eso es lo que buscamos. Usted intenta ser quien verdaderamente es y no alguien más.

No olvide que sus elecciones son tentativas y están sujetas a cambios provocados por nueva información y nuevas circunstancias. Persevere, pero sea flexible, haga ajustes cuando lo considere necesario. Fijar metas para la propia vida puede ser un proceso emocionante y al acercarse cada vez más a ellas, usted experimentará una gran satisfacción. Cada vez que dé un paso más, ¡felicítese! Registre lo sucedido en su bitácora y recuerde algo importante: lo que está logrando es para usted mismo. Sus objetivos no tienen por qué complacer a nadie más. Sea más sensible a sus propias necesidades y deseos: juegue su propio juego.

9

¡NO PERMITA QUE SUS PENSAMIENTOS LO DETENGAN!

"Si una persona continúa viendo sólo 'gigantes',
eso significa que todavía mira al mundo a través de
los ojos de un niño."

Anais Nin

Muchas personas dicen, "tal vez no soy tan asertivo como me gustaría. Después de todo, es difícil enseñarle nuevos trucos a un perro viejo. Así soy yo; no puedo evitarlo".

No estamos de acuerdo y miles de personas lo han comprobado. Adquirir asertividad implica un proceso de aprendizaje y requiere más tiempo de algunas personas. Sin embargo, el proceso no es tan difícil y las satisfacciones son enormes.

Es de suma importancia pensar positivamente sobre la asertividad, ya que los pensamientos, las creencias, las actitudes y los sentimientos son la base del comportamiento. Usted necesita liberar su mente para poder responder de un modo asertivo a cada nueva situación. Actitudes, creencias y pensamientos equívocos le impedirán desarrollar sus ideas de una forma natural. "Somos lo que pensamos" más que "lo que comemos". Sus pensamientos generarán un comportamiento asertivo si logra usted deshacerse de lo negativo.

En este capítulo, usted encontrará algunas recomendaciones y procedimientos específicos que le ayudarán a reforzar su asertividad por medio de sus pensamientos. Medite sobre lo que lea; algunos conceptos aquí expresados pueden cuestionar sus creencias respecto a la vida.

Su actitud ante la asertividad

Tal vez usted, como muchas personas, haya escuchado la mayor parte de su vida a sus padres, maestros y colegas decirle "No tienes derecho…". Este día nosotros le decimos: "Usted tiene un *perfecto derecho*…" a que ser asertivo sea positivo y correcto. ¿Cómo puede manejar estos mensajes conflictivos? Confíe en sí mismo. Experimente un poco; ¡se lo merece!

Su actitud será decisiva en el desarrollo de su asertividad. Si usted coopera con el proceso natural de la expresión personal, puede aprender a disfrutar cada nuevo reto. No permita que actitudes negativas lo detengan.

Una de las reacciones negativas más comunes es imaginar las "terribles consecuencias" si decidimos tomar riesgos en nuestras relaciones: "¡Mejor no! ¡Quién sabe qué pueda suceder!". Piense que en algunos momentos de nuestras vidas es mejor pasar por alto algunas medidas de seguridad excesivas y arriesgarnos dando el siguiente paso. Es muy improbable que se encuentre con una situación que no tenga solución.

Usted puede ser responsable de su propio proceso de crecimiento y encauzar su desarrollo en una dirección positiva y asertiva. Verá que sus actitudes pueden cambiar como resultado de sus acciones. Un sentimiento de satisfacción, un aumento en su propia estima y reacciones más positivas de las personas, son algunas de las recompensas que obtendremos si actuamos de un modo asertivo y defendemos nuestros derechos. Estos resultados también nos motivarán a continuar con nuestro cambio.

La actitud hacia uno mismo

¿Es usted capaz de expresar sus sentimientos de regocijo cuando alcanza alguna meta importante como terminar un curso o algún arreglo hecho a su hogar? ¿Se permite el placer de sentirse satisfecho por un buen trabajo? ¿O poder dar felicidad a alguien? ¿Se felicita a sí mismo cuando logra algo? o, cuando no tiene éxito ¿puede aceptarlo honestamente y reírse de sí mismo?

Acaso su objetivo en la vida sea servir a otros. Si usted no cuida de sí mismo, no tendrá nada que ofrecer. Si se niega a sí mismo, actuando de una manera insegura e inhibida, poco a poco perderá la capacidad de ayudar a otros. Recuerde que uno de los mandamientos dice, "Ama a tu prójimo como a ti mismo". ¿Cuánto se quiere usted? ¿Recuerda el "Modelo de comportamiento para el desarrollo personal" del capítulo anterior? Léalo otra vez y piense en cómo puede usted quererse más.

La actitud hacia nosotros mismos y nuestro comportamiento actúan en círculos. Cuando nos sentimos mal acerca de nosotros mismos, actuamos en forma insegura. Esto afecta la forma en que otros nos perciben y les hace responder como si no mereciéramos respeto. Cuando sentimos su rechazo, se confirma nuestra actitud: "¡Ya sabía que no valgo nada! ¡Mira cómo me tratan los demás!".

El entrenamiento en asertividad rompe el círculo enseñándole y dándole "autoridad" para actuar con seguridad. Si usted no lo hace por sí mismo, tal vez lo haga si alguien más se lo dice. El entrenador le dirá, "No importa lo extraño que se sienta, prueba esta nueva actitud". Al hacerlo, usted recibirá más retroinformación positiva de los demás, la cual, a su vez, lo ayudará a mejorar su actitud hacia sí mismo.

Esta nueva sensación de autoestima es el principio de un cambio en el círculo actitud-comportamiento-retroinformación-actitud. Usted puede lograr los mismos resultados por sí solo, o con ayuda durante los pasos más difíciles, con el procedimiento que se describe en este libro.

Hablaremos de esto más detalladamente en capítulos posteriores. Por ahora, estudiemos más a fondo nuestros pensamientos y actitudes.

Pensamientos que se interponen en nuestro camino hacia la asertividad

Existen algunos patrones de pensamiento, agresivos y no asertivos, que son obstáculos comunes para lograr asertividad. Si es usted como la mayoría de las personas, se habrá escuchado decir cosas como las siguientes, por lo menos de vez en cuando:

"Soy un fracaso."
"El mundo me trata mal."
"Soy una víctima de las circunstancias."
"Nadie me quiere."
"Todos me juzgan."
"Otros controlan mi destino."

Por otro lado, tal vez usted diga:
"Cuando hablo, me gusta que me escuchen."
"El mundo está en deuda conmigo."
"No necesito ayuda de nadie."
"No permitiré que se salgan con la suya."
"La gente no sirve para nada."

Todas estas ideas son falsas. (Algunas quizá sean parcialmente verdaderas en su vida; usted, al igual que todos, fallará algunas veces. Y en ocasiones el mundo "nos trata mal". Y también muchos de nosotros somos autosuficientes en ciertas ocasiones.)

El problema principal de este modo de pensar es que uno puede empezar a creerlo verdadero. Hay muchas circunstancias que contribuyen a una apreciación deformada de lo que sucede en nuestras vidas. Algunas veces, las experiencias negativas ocurren en forma coincidental, creando la impresión de que todo es parte de nuestro destino. Esta idea después se convierte en una "profecía autosatisfactoria" en nuestra vida.

Muchos de nosotros no experimentamos la vida como una cadena interminable de sucesos deprimentes pero todos tenemos nuestros "días" (a veces hasta "semanas") malos. Aaron Beck, especialista en estudios sobre el conocimiento humano, nos subraya algunos de los pasos más comunes en este proceso:

- **Una predisposición para tener una opinión baja de nosotros mismos.** Tal vez ha estado desempleado por un tiempo, o no tuvo éxito en sus estudios, o finalizó una relación amorosa. O acaso el concepto que tiene de sí mismo sea muy bajo. De cualquier forma, usted está predispuesto a asumir la culpa si algo sale mal.

- **Una tendencia a exagerar los problemas.** Las emergencias menores suelen parecer de dimensiones catastróficas en el momento. Sin embargo, la mayoría de nuestros problemas son mucho menos críticos de lo que pensamos.

- **Una forma egocéntrica de ver los sucesos de la vida.** "Todo me pasa a mí", es el tema de este paso. Si miramos la vida de un modo objetivo, podemos darnos cuenta de que no somos las víctimas de todo lo malo que pasa a nuestro alrededor.

- **Una creencia preconcebida respecto a la vida.** Las nociones: bueno-malo, negro-blanco, sí-no, limitan nuestras opciones de una forma notable. El hecho es que existe un gran número de alternativas para la mayoría de las situaciones en la vida.

- **Una actitud de impotencia o vulnerabilidad.** ¿Cómo puedo resolver todos mis problemas? Podrá hacerlo si los divide en unidades pequeñas y pasos graduales.

Consejos útiles para controlar nuestros pensamientos

Existen excelentes métodos "cognoscitivos y conductuales" que le pueden ayudar a controlar sus patrones de pensamiento. Tres de los más eficaces son la vacuna anti-estrés, la detención del pensamiento y los pensamientos positivos.

Vacuna anti-estrés: Este tipo de "vacuna" no sólo reduce la cantidad de estrés esperado sino el ya existente. La técnica es obra del psicólogo canadiense Donald Meichenbaum.

Imagine una situación que usted sabe le producirá mucho estrés, algo como una entrevista con su supervisor para evaluar su desempeño. El supervisor tiende a hablar mucho y escuchar poco. En ocasiones similares siempre se ha sentido tenso y molesto.

Para "vacunarse" previamente, comience por escribir un mensaje para sí mismo acerca de la situación. Use un lenguaje personal, como si un buen amigo le diera un consejo. Por ejemplo:

> *Cuando estés en la entrevista, relájate. No pierdas el equilibrio, de nada sirve inquietarse. Recuerda que el supervisor siempre habla demasiado y prepárate a oírlo. Cuando él diga algo con lo cual no estés de acuerdo, cuestiónalo respetuosa pero firmemente. Pídele tiempo para reflexionar. Hazle notar los puntos que parezca olvidar y no olvides señalar tus logros. Tú puedes manejar la situación. Respira profundo de vez en cuando; las cosas saldrán bien. Si se presenta alguna sorpresa, no te preocupes: recuerda que no es más que un pequeño acontecimiento en tu vida.*

Una vez que haya acabado el mensaje, léalo varias veces en voz alta antes de ir a la entrevista. Hágalo especialmente en sus momentos de ansiedad o cuando le asalte la preocupación.

Asegúrese de memorizar la esencia del mensaje de manera que pueda usted repetir partes de ella en su mente al momento mismo del acontecimiento (en este caso, la entrevista). Cuando sienta que su confianza en sí mismo empieza a mermar, recuerde esas palabras una vez más.

Carolina, una de nuestras clientes, utilizó este método con su esposo, del cual se estaba divorciando. Ella sabía que al enfrentarse a él en la corte probablemente arruinaría la posibilidad de lograr un buen acuerdo económico por su nerviosismo y falta de control. Por lo tanto, se dirigió un mensaje por escrito para "vacunarse" y lo practicó varias veces. Al entrar a la sala su esposo se levantó y la saludó; Carolina estalló en lágrimas y salió corriendo hacia el tocador. Una vez ahí, leyó nuevamente el mensaje en voz alta varias veces y, habiendo recobrado la confianza, regresó, habló con su marido y logró lo que deseaba. Después la maravilló la eficacia del método. Tiempo atrás, Carolina no hubiera podido dejar de llorar ni sentirse tensa. La "vacuna" contra el estrés la ayudó en una situación emocional extremadamente difícil.

Detención del pensamiento. ¿Alguna vez le ha ocurrido que no puede dejar de pensar en una canción o una idea fija? Nada de lo que hace le ayuda a borrarla de su mente. Es el momento de poner en práctica la "detención del pensamiento", técnica desarrollada por el psiquiatra Joseph Wolpe. Cierre los ojos en este momento y trate de recordar algún pensamiento repetitivo que le moleste. Cuando esté claro en su mente grite "¡**Detente**!". (Asegúrese que nadie se encuentre cerca pues podrían malinterpretar su extraño comportamiento.) Notará usted que el pensamiento de hecho se detiene. Cuando esto suceda, cambie inmediatamente a un pensamiento agradable que lo sustituya. Seguramente, el pensamiento indeseable volverá pronto, pero si aplica usted el método con persistencia, encontrará que cada vez tardará más y más; y pronto desaparecerá. No queremos decir que deba usted correr por todos lados gritando "¡**Detente**!" a cada rato. La técnica da los mismos resultados aunque sólo la practique mentalmente. Sin embargo, tal vez quiera practicar en voz alta simplemente por diversión.

Una recomendación: asegúrese de que el pensamiento indeseable no contenga ningún mensaje constructivo que esté pasando por alto. Algunas veces es necesario escuchar algunos pensamientos desagradables y actuar al respecto. Sin embargo, con la práctica aprenderemos a distinguir nuestros pensamientos buenos y los "no tan buenos".

Pensamientos positivos: "Una de las cosas más difíciles para algunas personas que conozco", decía Gail Wainwright, orientador de una escuela secundaria, durante un curso de asertividad, "es ser asertivos consigo mismos, convencerse de continuar adelante y actuar como saben que deben hacerlo".

Si su mente está llena de "reglas" y actitudes limitantes su comportamiento seguramente lo reflejará. Probablemente piense usted en forma negativa: "No soy importante", "Mi opinión no es valiosa", "Nadie se interesa por lo que tengo que decir", "Probablemente quede como un tonto si digo algo", "En realidad no estoy seguro", "No tengo ningún derecho de decir esto". De ser así, seguramente actúa en forma congruente: se queda callado y deja que otros asuman el control de la situación.

Trate por un tiempo de cambiar esos pensamientos a su forma positiva: "Soy importante", "Mi opinión es valiosa", "Alguien se interesará por lo que tengo que decir", "Tengo derecho de expresar mi opinión". Por ahora, no es necesario llevar a la práctica tales pensamientos, simplemente acostúmbrese a hablar consigo mismo de manera positiva. La técnica consiste simplemente en memorizar y repetir regularmente pensamientos positivos sobre uno mismo, con el fin de aumentar nuestra seguridad; por ejemplo:

"Mis amigos me respetan y admiran."
"Soy una persona amable y cariñosa."
"Tengo un empleo."
"Puedo controlar la ira."
"Acabé mis estudios con éxito."
"Soy firme cuando preciso serlo."

Algunas ideas pueden no ser totalmente ciertas en su caso, pero es bueno proceder como si lo fueran. Escriba los mensajes y colóquelos sobre el refrigerador, la pared del baño, en la cartera o el bolso. Recuerde regularmente que es usted una persona positiva y valiosa.

Los pensamientos positivos sobre nosotros mismos pueden usarse para reemplazar otros en conjunto con la técnica de detención del pensamiento. O pueden también formar parte de los mensajes de "vacuna" contra el estrés.

Después de haber practicado los pensamientos positivos por un tiempo, puede usted empezar (mentalmente) a considerar la forma en que actuaría en esas situaciones si los siguiera. Por ejemplo, tal vez ha estado pensando "Alguien se interesará por lo que tengo que decir" en relación con una próxima reunión. Si logra usted imaginarse actuando de acuerdo con ello, quizá se vea haciendo una pregunta a uno de los participantes más extrovertidos. O, tal vez, podría empezar por decir simplemente "Estoy de acuerdo".

Imagine formas de comportarse como una persona que piensa positivamente.

¡Deje de imaginarse lo peor!

En demasiadas ocasiones, las personas no responden con asertividad por el temor de enfrentarse a imaginarias y horribles consecuencias. "Si hago esto, ella se molestará"; "Nunca podría decirle eso a mi jefe, me despediría"; "Si lo hago, me sentiría culpable"; "Mi esposa me pediría el divorcio"; "Mi madre siempre llora"; "Lastimaría sus sentimientos". Así podemos continuar hasta el infinito imaginando toda clase de desastres. Es como si una parte de nuestra mente estuviera empeñada en trabajar horas extra saboteando nuestra asertividad.

El famoso psicólogo Albert Ellis llama a este proceso "catastrofiar" y ha hecho un magnífico estudio acerca de cómo estos pensamientos negativos reducen nuestras oportunidades de manejar bien las situaciones difíciles de la vida. En su libro A new guide to rational living (Nueva guía para vivir inteligentemente), Ellis y Robert Harper sugieren que nuestros pensamientos siempre preceden a nuestras reacciones emocionales a una situación. Ambos describen algunas de las ideas y creencias irracionales acerca de la vida, que afectan nuestras emociones y bloquean las respuestas adecuadas. Estas creencias se relacionan con sucesos como el temor, el rechazo, la injusticia. Le recomendamos leer esta obra y dejar de inhibir su asertividad creyendo (irracionalmente) que de alguna manera el mundo debería ser perfecto.

¿Qué más puedo hacer para mejorar mis pensamientos?

Gary Emery, psicólogo de la Universidad de California en Los Ángeles (U.C.L.A.), es otro especialista importante en los procedimientos de terapia cognoscitiva. Él nos describe varias eficaces estrategias y técnicas para quienes deseen hacer cambios en sus patrones de pensamiento y sus "conversaciones internas".

Tal vez algunas de ellas le puedan ayudar:

- Aprenda a conocerse y a estar consciente de sí mismo. Un esfuerzo constante para adquirir mayor conciencia de sí mismo: de sus metas, sueños, sentimientos, actitudes, creencias, limitaciones y problemas, le dará una base sólida para mejorar su desarrollo personal.
- Aprenda a reconocer y controlar sus "pensamientos involuntarios". Usamos este término para describir el diálogo interno involuntario que todos experimentamos frente a situaciones estresantes: "Seguramente esto será un desastre...".
- Cuestiónese para comprender sus reacciones en diferentes situaciones. ¿Existe evidencia suficiente para justificar su reacción? ¿Cuán lógica es su reacción? ¿Es posible que esté simplificando demasiado las cosas? ¿No estará exagerando y alterando el contexto de la situación?
- Considere otras maneras de explicar la situación. Observe los hechos desde otro punto de vista, alterándolos uno a uno, y vea qué ocurre.
- Pregúntese si realmente vale la pena sentirse así. Aun si la situación fuera en verdad tan mala como usted piensa, ¿qué

tan duraderas son las consecuencias? ¿Alguien resultará realmente herido?

- Trate de ver el "lado bueno". Piense si la situación no tendrá algún aspecto positivo. Tal vez las malas noticias contienen (o esconden) algo bueno.
- Identifique sus ganancias personales. ¿Obtiene usted algún beneficio por sentirse mal? ¿Le prestan más atención o más ayuda? ¿Lo excusan por no haberse presentado a la escuela o al trabajo? ¿No ganaría usted más si cambiara su punto de vista?
- Pregúntese cuál sería el verdadero resultado si lo que usted teme llegara a ocurrir. ¿Cuáles serían las peores consecuencias? Imagine que sus temores se han materializado. ¿Es realmente tan malo como pensaba?
- Tome alguna acción específica para cambiar sus patrones negativos de pensamiento. Regrese a la sección previa y desarrolle un plan de pensamientos positivos, una "vacuna" contra el estrés, o la detención del pensamiento. Anótelo en su bitácora y ¡haga su tarea!

¿Somos algunos más iguales que otros?

Uno de los objetivos más importantes de este libro es ayudarle a ver que en un nivel humano todos somos *iguales*. Es verdad que siempre habrá alguien con más talento, más asertivo, más atractiva, con más poder, mayor riqueza, o más educación... Pero, como ser humano, vale usted tanto y es tan importante como cualquier otra persona. Ésta es una idea de inmenso valor sobre la cual tal vez desee usted saber más. Le recomendamos leer nuestra Constitución, la Declaración Universal de los Derechos Humanos de las Naciones Unidas, la Biblia, el Corán, o los escritos de Confucio, o...

10

NO HAY NADA
QUE TEMER

"Valor significa resistencia y dominio del miedo,
no ausencia de éste…"

Mark Twain

Muchos lectores de esta obra, tal vez usted mismo, encuentran que la ansiedad es el mayor obstáculo en su lucha por una mayor asertividad. "Claro", dirá usted, "yo sé cómo expresarme pero me siento extremadamente tenso cuando trato de hacerlo. Los riesgos parecen muy grandes y quiero que la gente me aprecie…".

Al dirigirse a una entrevista de trabajo, tal vez sienta que sus manos sudan y su corazón palpita con mayor rapidez. Probablemente no se atreva a pedirle un aumento a su jefe por temor de que las palabras se le atoren en la garganta. ¿Toma usted un camino más largo a casa por temor a encontrarse con el vecino que siempre le pide favores que usted teme negarle? Quizá usted esté dentro del grupo de personas clasificadas como agorafóbicas, las cuales temen tanto el contacto social que prefieren permanecer en casa prácticamente todo el tiempo.

Es probable que usted ni siquiera esté consciente de la causa de sus temores. El origen lo podemos encontrar muchas veces en nuestras experiencias de la niñez; por ejemplo, padres bien intencionados que enseñan a sus hijos a "hablar sólo cuando se les pide".

Aun cuando aprender a ser asertivo le ayudará a reducir tales temores, cuando el grado de ansiedad es muy elevado, es necesario enfrentarlo de una forma más directa. Para vencer nuestros temores, nerviosismo, ansiedad y estrés respecto a la asertividad, es necesario determinar la verdadera causa de nuestra reacción. Una vez identificado el problema usted puede aprender métodos para eliminar sus temores.

Le sugerimos empezar por delimitar las causas de su temor. Señale las razones por las cuales siente inseguridad al tratar de comportarse de un modo asertivo. Use su bitácora para llevar un control sistemático de sus reacciones. Aprenda a identificar lo que hace que su ansiedad aumente. La siguiente sección le ayudará a saber más sobre su ansiedad.

Identificación de nuestros temores: la escala USI (SUD)

Esta escala es una manera práctica de evaluar su nivel de ansiedad. "USI" es un acrónimo de Unidades Subjetivas de Inquietud (en inglés, Subjective Units of Disturbance, SUD): un método de clasificar los síntomas físicos de su ansiedad en una escala de 0 a 100. Dado que la ansiedad tiene elementos físicos, nos permite darnos cuenta de nuestro grado de ansiedad "sintonizándonos" con los indicadores de nuestro cuerpo: ritmo cardiaco (pulso), respiración, frío en manos y pies, transpiración excesiva (especialmente en las manos) y tensión muscular. (Existen otros indicadores, pero la mayor parte de nosotros no los percibimos.) El entrenamiento en biorretroalimentción (biofeedback) se utiliza algunas veces para enseñar a las personas a percatarse de su grado de ansiedad o de relajamiento, pues ofrece una vigilancia automática de los indicadores físicos.

Hagamos un experimento: relájese tanto como le sea posible en este momento; acuéstese en el sofá, el piso, o en una silla; respire profundamente, relajando todos los músculos del cuerpo; imagine una escena tranquila, relajante, estando acostado en la playa o flotando en una nube). Déjese llevar y relájese de esta forma por un espacio de al menos cinco minutos, prestando atención a los latidos de su corazón, su respiración, la temperatura y humedad de las manos, la relajación muscular. Estas sensaciones de relajamiento tienen un valor de 0 en la escala USI, representando un relajamiento casi total. Si usted no llevó a cabo el experimento anterior, pero está leyendo esto a solas, de manera tranquila y confortable, puede calificarse aproximadamente con un 20 de la escala. En el lado opuesto de ésta, visualice la situacion que más le atemorice. Cierre los ojos e imagine que apenas se libra de un accidente, o que se encuentra cerca del epicentro de un terremoto o una inundación. Ponga atención a las mismas señales de su cuerpo: ritmo cardiaco / pulso, respiración, humedad y temperatura de las manos, tensión muscular. Los sentimientos de temor que experimenta en estos momentos, pueden calificarse con un valor de 100 en la escala USI: una ansiedad casi total.

Ahora tiene usted una escala burdamente calibrada para medir su grado de comodidad o incomodidad, la cual puede utilizar para evaluar qué tanta ansiedad siente en determinada situación. Cada 10 puntos de la escala representan "una diferencia apenas notable" hacia arriba o hacia abajo. Por tanto, 70 significa un poco más de ansiedad que 60 y, en el mismo grado, un poco más de comodidad que 80. (La escala USI es demasiado subjetiva para poder definir con más de 10 unidades de diferencia.) Casi todos por lo general nos encontramos en un rango de 20-50 de esta escala. Algunas situaciones en la vida elevarán el grado de ansiedad a más de 50 por periodos cortos de tiempo y en muy raras ocasiones (esto es, raras para la mayoría de nosotros), podemos relajarnos por debajo de las 20 unidades. La escala USI le ayudará a identificar las situaciones en la vida que más problemas dan. De nuevo, ser sistemático en sus observaciones le traerá grandes dividendos. El procedimiento presentado a continuación nos muestra una forma de utilizar la escala para elaborar un "plan de ataque" contra sus temores.

Lista / Grupo / Clasificación

Un método desarrollado por Patsy Tanabe-Endsley en el campo de la redacción creativa nos será de utilidad. En su libro, *Project Write* (Cómo escribir un proyecto), Patsy nos habla de cómo listar, agrupar y clasificar nuestras ideas. Nosotros usaremos su sistema reemplazando "ideas" por "temores o ansiedad".

Empiece elaborando una lista de situaciones en las que siente temor o ansiedad. Incluya en su bitácora todas aquellas reacciones que le impidan actuar de un modo asertivo, incluyendo la situación o el suceso, las personas, las circunstancias y todos los factores que contribuyeron a su reacción. Asigne un valor en la escala de USI a cada uno de los puntos de su lista.

Después, encuentre las que sean similares, cuyo tema parezca ser el mismo y agrúpelas. Nombre cada grupo usando una palabra apropiada para caracterizar a esa agrupación específica de factores causantes de ansiedad. Muy probablemente, en sus grupos existirán fobias comunes, como el temor a las serpientes o las arañas, o a las alturas y a lugares cerrados. Los temores de calidad interpersonal son probablemente el principal obstáculo para lograr la asertividad: el temor a la crítica, al rechazo, a la ira, a la agresión o a herir los sentimientos de otros afecta en un alto grado su asertividad.

Tal vez encuentre un grupo con situaciones similares a las descritas en el Inventario de asertividad del capítulo 7. En lugar de un temor común, como el del rechazo, usted quizá experimente bastante ansiedad cuando aguarda por algo en una fila o al hablar con vendedores. Tal vez usted sienta temor ante la presencia de personas con autoridad. Como es obvio, su asertividad no estará en óptimas condiciones si su ansiedad ya la está rechazando por adelantado.

Ahora, el paso final para analizar sus temores: en cada uno de los grupos, reacomode los puntos en orden, de acuerdo con su calificación en la escala USI. ¡Ya tiene una agenda aproximada, en orden de importancia, para poder controlar su ansiedad! Creemos que es mejor empezar por vencer aquello que más nos perturbe para después desarrollar nuestras habilidades asertivas.

El ejemplo siguiente aclarará el proceso.

Marzo 23, 1993

El día de hoy, voy a anotar situaciones que me causan ansiedad, incluyendo su calificación en la escala USI. Quiero probar el método "lista / grupo / clasificación" para ver si logro encontrar algún "patrón" de mis temores.

1. Los artículos acerca de cirugías del corazón me producen náuseas.   50 USI

2. Me incomodé porque José me ignoró durante la comida.   30 USI

3. Mi jefe se veía furioso por los errores que cometí.   65 USI

4. Elisa me dijo que había hablado acerca de los niños con mi ex-exposa, Carmen. Me enfureció la forma en que criticó mi manera de disciplinarlos.   ¡80 USI!

5. Mi compañero de cuarto no cooperó con la limpieza.   55 USI

6. Me corté un dedo. Al ver la sangre, me sentí desfallecer.   35 USI

7. Me sentí avergonzado por llegar tarde a la junta.   25 USI

8. Mis amigos se burlaron de mi nuevo corte de pelo.   25 USI

Grupos	Clasificación
A. 2, 3, 7, 8	Demasiada sensibilidad
B. 4, 5	Enojo
C. 1, 6	Miedos patológicos

Si éste es un día típico, parece que soy más sensible a las críticas de lo que pensaba. Tal vez debiera considerar el ejercicio de "reducción de sensibilidad" que el doctor G. me recomendó.

Cómo vencer la ansiedad

Ahora que usted ha identificado claramente los motivos de ansiedad que inhiben su asertividad, deseará poner en marcha un programa para deshacerse de ellos. Existen varios métodos para lograrlo; puesto que éste es un tema bastante extenso, estudiaremos un método muy popular y le referiremos a otras fuentes para mayor información.

Joseph Wolpe, psiquiatra de Philadelphia y famoso pionero de los cursos de asertividad, desarrolló un procedimiento sumamente valioso para manejar la ansiedad llamado *desensibilización sistemática*, la cual, al igual que el entrenamiento en asertividad, se basa en principios de aprendizaje: usted *aprendió* a sentir ansiedad respecto a expresarse; por lo tanto, puede "des-aprender" el proceso. ¡Nadie nació temeroso!

Sentir ansiedad y estar relajado al mismo tiempo es prácticamente imposible. El proceso de desensibilización implica la asociación repetida de una situación de gran ansiedad con un sentimiento de relajación profunda en todo el cuerpo. De una manera gradual, "automáticamente" usted empezará a asociar la situación con una sensación de relajamiento y no de ansiedad. En los casos de desensibilización terapéutica, lo primero que aprende el cliente es a relajar su cuerpo completamente por medio de ejercicios de relajación muscular profunda o por medio de la hipnosis. A continuación, se le presenta la situación ansiosa en una serie de escenas imaginarias clasificadas de menor a mayor grado.

Su manera de funcionar es la siguiente: imagine que teme usted a las alturas. Subir una escalera seguramente le causará temor. En su jerarquía personal, cada nuevo peldaño podría representar un grado mayor de ansiedad. Su primera sesión consiste en aprender a relajarse completamente. Durante el ejercicio, deberá usted evocar una escena que le produzca tranquilidad, por ejemplo, pasar un día en la playa, flotar en una nube o mecerse en una hamaca. Asimismo, se le pide que practique ejercicios de relajación durante varios días.

En una sesión posterior, el terapeuta le pedirá relajarse por completo, cerrar los ojos e imaginar una escena que le produzca tranquilidad y paz. A continuación, se le indica que suba el primer peldaño y se dé cuenta de la ansiedad que le produce. Pasados unos quince segundos, debe usted volver a visualizar la escena relajante. Este procedimiento se repite cada vez que avanza usted un peldaño más. El ser expuesto a la misma escena de ansiedad mientras se encuentra usted relajado, reducirá gradualmente su temor a las escenas que provocan el estímulo.

Lo intrincado del procedimiento es más complejo, pero ésta es la esencia de la desensibilización, la cual ha probado su éxito contra diferentes tipos de ansiedad, incluyendo la fobia a las alturas, a hablar en público, a los animales, a volar, a los exámenes, al contacto social y muchos más.

Si le preocupa su grado de ansiedad, tal vez desee documentarse un poco más. Dos de los mejores libros sobre este tema son *The Relaxation and Stress Reduction Worbook* ("Cuaderno de trabajo para relajación y reducción de estrés") de Davis, Eshelman y McKay (1980) y *StressMap* ("Mapa del estrés") de Haney y Boenisch (1987). Ambos libros exploran los procedimientos de autoayuda para controlar la ansiedad y describen otros recursos disponibles.

Seguramente le tomará algo de tiempo, tal vez varias semanas, practicar los métodos hasta ahora descritos para vencer la ansiedad. Aprender a sentir ansiedad le tomó algo de tiempo. Aprender a vencerla también lo hará.

Este análisis de la ansiedad respecto a ser asertivo no tiene por motivo desanimarle. Por el contrario, sabemos que la mayoría de nuestros lectores sabrán cómo manejar su leve inseguridad al expresarse sin ninguna dificultad. Sin embargo, habemos algunos que en verdad requerimos ayuda extra para vencer los obstáculos. No debe usted sentirse apenado o inseguro de buscar ayuda, tal como lo haría en caso de cualquier enfermedad física. Una vez que se haya librado del obstáculo de la ansiedad, lleve a cabo los procedimientos esbozados aquí para desarrollar su asertividad.

Resumen

Es común experimentar sentimientos de miedo, ansiedad y nerviosismo cuando pensamos en la asertividad o tratamos de llevar a
cabo un acto asertivo. Muchas veces la práctica nos permitirá llevar tales molestas reacciones a niveles que podamos controlar. La
práctica, asimismo, le hará sentirse asertivo más espontáneamente.
Si aún siente demasiada ansiedad, existen formas sistemáticas de
identificar las situaciones que ponen en marcha sus reacciones de
temor y así reducir su nivel.

Tan sólo comprender una de nuestras fobias rara vez logra re-
ducirla de manera significativa. Por otro lado, algunos métodos de
"autoayuda" suelen conseguir eliminar o reducir el temor a niveles
controlables. Si sus esfuerzos no son suficientes, le sugerimos terapia profesional.

VERIFIQUE SU PROGRESO

A lo largo del libro hemos incluido estas "pausas" para verificar su progreso. Nada demasiado formal, se trata de un chequeo periódico para ayudarlo a seguir por el camino correcto.

Responda las preguntas siguientes con honestidad y después de un momento de reflexión. Sus respuestas le ayudarán a dar los pasos necesarios.

- ¿Ha leído y comprendido todo el material de los capítulos anteriores?
- ¿Las explicaciones y ejemplos encajan con su experiencia?
- Si la respuesta fue negativa, ¿puede adaptarlas a sus necesidades?
- ¿Ha respondido las preguntas y realizado los ejercicios que hemos sugerido?
- ¿Considera usted haber adquirido mayor confianza en sí mismo?
- ¿Se ha fijado metas preliminares para lograr su asertividad?
- ¿Ya inició su bitácora de progreso?
- ¿Ha recurrido a ayuda externa para vencer su ansiedad o cualquier otro tipo de obstáculos?
- ¿Ha identificado los problemas específicos que le impiden actuar con asertividad: ansiedad, actitud, habilidades sociales?
- ¿Se recompensa a sí mismo por sus éxitos, sin importar lo insignificantes que parezcan?

11

DESARROLLO DE APTITUDES ASERTIVAS EN NUESTRO COMPORTAMIENTO

"La paz no se puede lograr por medio de la fuerza;
únicamente por medio de la comprensión."

Albert Einstein

Tal vez usted haya oído decir que "cuando dos ingenieros (abogados, amas de casa, plomeros, enfermeras) entablan una conversación y un psicólogo se les une, el resultado es dos ingenieros y un psicólogo; mas cuando dos psicólogos hablan y un ingeniero (o cualquier otra persona) se les une, el resultado es ¡tres psicólogos!". Todos creemos que tenemos "algo" de psicólogos. De hecho, todos poseemos cierto conocimiento práctico y de primera mano del comportamiento humano, empezando por nosotros mismos.

Cambio de nuestro comportamiento y nuestras actitudes

La sabiduría popular sugiere que para mejorar es necesario "cambiar nuestra actitud". Por años, y hasta hace poco tiempo, los psicólogos postulaban que lo más importante era cambiar la conducta, que el cambio de actitud vendría después.

Investigaciones recientes en el campo de la psicología llamado terapia cognoscitiva del comportamiento, han comprobado que, para muchas personas, los pensamientos son tan importantes como las acciones para lograr cambios en la vida.

En las primeras tres ediciones de nuestro libro, nos suscribimos a lo postulado por la terapia tradicional del comportamiento: que es más fácil y eficaz cambiar nuestro comportamiento y que el cambio de actitud vendrá después. Aunque existe todavía la duda de que el cambio de actitud es lo más difícil de lograr, los psicólogos han aprendido que nuestros pensamientos y creencias pueden modificarse por medio de procedimientos como los descritos en el capítulo 9 y que dichos cambios afectan el comportamiento en un alto grado.

Los pensamientos positivos sobre nosotros mismos son un buen ejemplo. Si usted piensa "yo tengo la habilidad para salir adelante", estará incrementando sus posibilidades de éxito, aun sin haber hecho otros cambios. Todos interpretamos los hechos de la vida a través de nuestras actitudes y creencias sobre nosotros mismos y el mundo que nos rodea y actuamos en consecuencia. Si creemos que "no servimos para nada", enfrentaremos la vida con pesimismo, aumentando así las probabilidades de fracaso. Si somos optimistas muy probablemente nuestras acciones nos conducirán al éxito.

Por un tiempo, el nuevo concepto cognoscitivo convenció a muchos de que lo importante era cambiar nuestro modo de pensar. Esto ocurre siempre que surgen nuevas ideas de la investigación psicológica. Recientemente, el "péndulo" ha regresado a una posición más moderada y nuestro punto de vista es que ambos, el pensamiento y el comportamiento, son elementos vitales en el proceso del desarrollo personal.

Algunas personas responden mejor a intervenciones cognoscitivas (de pensamiento); otras a las conductuales (acciones). Por tanto, en cualquier programa para el desarrollo personal, deben tomarse en cuenta las dos áreas. Canalice su energía en la que le sea más útil. (Es curioso ver que al dejar pasar el tiempo la investigación psicológica se compagina con el sentido común.) En este inicio de su proceso no esperamos que un día se levante y diga, "Hoy, soy una persona nueva y asertiva". La clave para adquirir asertividad es la práctica constante. En el próximo capítulo, usted encontrará una guía sistemática y detallada para lograrlo poco a poco.

Existen "círculos viciosos" en nuestro comportamiento que tienden a repetirse y a perpetuarse hasta que se hace una intervención decisiva. Las personas que han actuado de un modo no asertivo o agresivo por demasiado tiempo, se olvidan con frecuencia de sí mismas. Su comportamiento puede ser inhibido o abusivo; ambos generalmente son recibidos con desprecio o rechazo. Con estas respuestas inevitables la persona piensa, "Ya lo sabía, no sirvo para nada". Su baja autoestima se refuerza y el ciclo se repite: conducta negativa, respuestas negativas de los demás, actitud autocrítica, conducta negativa...

En realidad, el ciclo puede revertirse y convertirse en una secuencia positiva: un comportamiento más apropiadamente asertivo tendrá respuestas más positivas las cuales mejoran nuestra autoestima ("¡La gente me trata como alguien que vale la pena!"); y una mayor autoestima refuerza nuestra asertividad futura.

El ciclo también puede cambiarse en lo que respecta a nuestros pensamientos: pensando cosas positivas y mejorando la opinión que tenemos de nosotros mismos, podemos empezar a actuar de un modo más asertivo. Nuestras acciones producirán respuestas más positivas, reforzando su pensamiento original: "Tal vez soy una buena persona, después de todo".

Ernesto estuvo convencido por muchos años de su insignificancia. Emocionalmente dependía por completo de su esposa y a pesar de ser bien parecido y tener facilidad de expresión no tenía amigos. ¡Imagine lo que sintió cuando su esposa lo abandonó! Por fortuna, Ernesto estaba en tratamiento terapéutico y estaba dispuesto a tratar de comunicarse con otras personas. Sus primeros intentos de actuar asertivamente con las mujeres tuvieron éxito, lo cual fue una gran motivación para él. La opinión que tenía de sí mismo cambió por completo y adquirió la asertividad necesaria para manejar diferentes tipos de situaciones.

Seguramente no todos experimentarán un resultado tan inmediato; por otra parte, la asertividad no garantiza éxito en toda ocasión. Por lo regular se necesita mucha paciencia y un avance gradual que nos permita manejar situaciones cada vez más difíciles.

De manera general, podemos decir que *la asertividad es un premio en sí misma*. Es muy satisfactorio que los demás nos presten mayor atención, lograr nuestros objetivos en nuestras relaciones interpersonales y darnos cuenta que tenemos un mayor control de nuestras vidas. Usted puede hacer que esto ocurra.

Recuerde, al practicar la asertividad, empiece por las situaciones con más oportunidades de éxito, antes de proceder con las más difíciles y que requieran mayor confianza y capacidad. Muchas veces es útil y reconfortante recibir apoyo y guía de un amigo, un compañero, un maestro o un terapeuta.

Tenga en mente que al cambiar nuestro comportamiento también cambiarán nuestras actitudes para con nosotros mismos y nuestro efecto en los demás. De igual manera, si cambiamos nuestra forma de pensar, cambiará nuestro comportamiento. En el siguiente capítulo presentamos los pasos para que estos cambios ocurran. Primero lea todo con atención; después, comience su aplicación en la vida diaria. Seguramente, le agradarán los cambios.

Cuando esté listo para comenzar

Primeramente, asegúrese de entender por completo los principios básicos de la asertividad. Poder distinguir entre ésta y la agresividad es fundamental para la comprensión y el éxito del programa. Si lo considera usted necesario, vuelva a leer los capítulos 2, 4 y 5.

En segundo lugar, decida si ya está listo para empezar a comportarse asertivamente por sí solo. Si presenta patrones crónicos de comportamiento no asertivo o agresivo, o si experimenta demasiada ansiedad, sea más cuidadoso. Le recomendamos practique lenta y cuidadosamente y que otra persona, de preferencia un terapeuta, trabaje con usted. Esto se recomienda especialmente para aquellos que experimenten gran ansiedad al comenzar el programa.

En tercer lugar, para sus intentos iniciales elija aquello con más probabilidades de éxito para así sentirse reforzado. Mientras más situaciones maneje exitosamente, mayor será su posibilidad de continuar actuando con asertividad.

Empiece con acciones asertivas con buen potencial y después intente otras más difíciles. Si decide experimentar con situaciones complejas sin una preparación especial, proceda con cautela; en particular, evite acciones con grandes probabilidades de fracaso, ya que esto podría inhibir futuros intentos.

Si sufre algún fracaso, lo cual es muy probable, tómese unos momentos para analizar la situación cuidadosamente y recuperar la confianza; de ser necesario pida ayuda a un amigo o consejero.

Especialmente al inicio del programa, es usual experimentar dificultades debido al uso de técnicas inadecuadas o un entusiasmo excesivo que se convierte en agresión. En cualquier caso, la respuesta que obtendremos será negativa, particularmente si la otra persona reacciona de una manera hostil y violenta. No deje que esto lo detenga. Reconsidere sus objetivos y recuerde que aunque el éxito requiere práctica, la recompensa es grande.

Estos procedimientos no le aseguran éxito total en todas sus relaciones. Habrá algunos fracasos. No existen respuestas instantáneas ni mágicas para los problemas de la vida. La asertividad no siempre funciona... ¡ni siquiera para nosotros!

Algunas veces, nuestras metas serán incompatibles con las de la otra persona; no es posible que dos se sienten en el mismo trono. (Ceder el lugar a otros puede ser igualmente un acto asertivo.) En ocasiones, la gente actúa de modo irracional, negándose a cooperar y ningún comportamiento asertivo de nuestra parte podrá cambiar la situación.

Asimismo, cometer errores es humano y normal. ¡Permítaselo! Algunas veces se sentirá incómodo, desilusionado y desmotivado. Evalúe nuevamente la situación, practique y trate una vez más.

Si siente que comete errores muy seguido, analice la situación a fondo: ¿no estará fijándose metas demasiado altas? Trabaje poco a poco para asegurar el éxito. ¿Es posible que esté exagerando y actuando agresivamente? Revise su comportamiento con cuidado, con la ayuda de su bitácora. (Al principio, es de esperarse algo de agresión. No se preocupe, usted encontrará el equilibrio en poco tiempo.)

Todos deseamos que nuestros intentos de asertividad den resultado y alcanzar nuestras metas. Sin embargo, nuestra recompensa más grande es la satisfacción que sentimos al expresar nuestros sentimientos; saber que todos tenemos un *perfecto derecho* a la expresión personal y sentirnos libres de hacerlo.

Por lo general, usted encontrará que la asertividad hace que muchas cosas sucedan. Pero, independientemente de los resultados, recuerde lo bien que se sintió por haber manifestado sus opiniones. Usted hizo lo que pudo, aun cuando no haya obtenido lo que esperaba. Si en realidad fue así, eso es lo que cuenta y lo único que puede exigirse.

Una advertencia final: nada es más molesto que una actitud paternalista. Evite caer en la trampa en la que muchos caen: sentir que debemos mostrar nuestra asertividad en toda ocasión y a cualquier costo. Deje que prevalezcan la moderación, la consideración para con otros y el sentido común. (En el capítulo 20 se trata este punto más ampliamente.)

¿Listo para continuar? En el capítulo 12 le mostramos paso a paso cómo hacerlo.

12

PASO A PASO

¡Creamos en la vida! Los seres humanos siempre
vivirán y avanzarán hacia horizontes más amplios
y hacia una vida con más sentido.

W. E. B. Dubois

Un proceso para aumentar su asertividad paso a paso

Paso 1. Observe su propio comportamiento. ¿Está actuando de
una forma asertiva adecuada? ¿Está satisfecho con la eficacia de sus
relaciones interpersonales? Repase lo leído en los capítulos 1 al 6,
así como su bitácora; evalúe cómo se siente acerca de sí mismo y
de su comportamiento.

Paso 2. Mantenga un registro de sus acciones asertivas. Todos los días, durante una semana, anote en su bitácora aquellas
situaciones en las que respondió de un modo asertivo, las que no
pudo manejar y las que evitó para no enfrentarse a actuar asertivamente. Sea honesto y sistemático y siga las instrucciones para la
autoevaluación descritas en el capítulo 7.

Paso 3. Fíjese metas realistas. Su autoevaluación le ayudará
a fijarse metas específicas para su desarrollo personal. Trate de ele-

gir situaciones en las que quiera ser más eficaz o personas con quienes quiera expresarse con más seguridad. Asegúrese de iniciar con las situaciones más fáciles para así asegurar el éxito. (Consulte el capítulo 8.)

Paso 4. Concéntrese en una situación particular. Dedique unos minutos a imaginar con los ojos cerrados cómo manejaría una situación molesta (recibir menos cambio del que le corresponde, recibir una llamada telefónica de una persona que habla demasiado cuando usted está ocupado o permitir que su jefe le haga pasar un mal rato debido a un pequeño error). Imagine estas situaciones vívidamente, incluyendo sus sentimientos durante y después de lo sucedido. En el Apéndice A ofrecemos ejemplos de varias situaciones para que usted practique.

Paso 5. Analice sus respuestas. Anote en su bitácora su comportamiento en el paso anterior. Use los componentes de la asertividad descritos en el capítulo 6 (contacto visual, postura corporal, ademanes, expresión facial, voz, contenido del mensaje, etcétera). Anote las características de su comportamiento en esa situación específica, incluyendo sus pensamientos. Anote sus puntos fuertes. Reconozca los componentes típicos de un comportamiento no asertivo o agresivo. Si experimentó ansiedad, revise el capítulo 10. Trate de evitar situaciones demasiado dolorosas pero por otra parte, si algo es moderadamente difícil, enfréntelo, no evite la posibilidad de desarrollo.

Paso 6. Estudie un modelo eficaz. A estas alturas, sería muy provechoso observar a alguien que maneje la misma situación de manera eficaz. Ponga atención a los componentes mencionados en el capítulo 6, especialmente el estilo; las palabras son menos importantes. Si nuestro modelo es un amigo, comente con él su forma de enfrentar la situación y sus consecuencias.

Paso 7. Considere respuestas alternativas. ¿De qué otra forma se podría manejar la situación? ¿Podría enfrentarla de un modo más directo? ¿Más firme? ¿Menos ofensivo? Consulte el cuadro del capítulo 4 y anote las diferencias entre una respuesta agresiva, asertiva y no asertiva.

Paso 8. Imagínese enfrentando la situación. Cierre los ojos y visualícese manejando en forma eficaz la situación. Puede usted actuar de manera similar al modelo del sexto paso o en forma diferente. Sea asertivo, sin dejar de ser usted mismo. Al visualizar, desarrolle estrategias o formas de vencer los obstáculos. Si experimenta ansiedad, trate de calmarse. Si pensamientos negativos afectan su asertividad, sustitúyalos por pensamientos positivos. Corríjase a sí mismo sobre la marcha; enfréntese a los obstáculos. Repita este paso tantas veces como sea necesario hasta que sienta que puede manejar la situación por completo.

Paso 9. Practique pensamientos positivos. Dedique un tiempo a revisar el material del capítulo 9. Desarrolle una lista de varios breves pensamientos positivos sobre usted mismo que se relacionen con la situación presente (por ejemplo, "He tenido otras entrevistas de trabajo y siempre he hecho lo correcto"). Repítase las oraciones varias veces. Recuerde que éste no es un "guión" que nos enseñe qué decir a otra persona sino un "apuntador" de qué decirnos a nosotros mismos.

Paso 10. Consiga ayuda si la necesita. Como ya hemos mencionado, el proceso para desarrollar su asertividad puede requerir mucha readaptación. Si se siente incapaz de enfrentar por sí mismo las situaciones que ha visualizado consiga ayuda profesional (vea el Apéndice C).

Paso 11. Inténtelo. Hasta ahora, ha estudiado su propio comportamiento, considerado varias alternativas, observado un modelo de acción más eficaz e internalizado algunas ideas positivas sobre usted mismo. Ahora es tiempo de empezar a poner en práctica las nuevas formas de manejar la situación problemática. Tal vez necesite repasar los pasos 6, 7, 8 y 9 antes de proceder. Es de suma importancia seleccionar un modo alterno y más eficiente de comportarse cuando se encuentre usted en la circunstancia real. Quizá desee seguir el mismo método que su modelo; su decisión es apropiada pero recuerde que el método deberá reflejar su propia personalidad y que no siempre es posible actuar como lo hacen otros.

Después de seleccionar una alternativa de comportamiento más eficaz, ensaye las situaciones con un amigo, un compañero, un maestro o un terapeuta. Trate de seguir el nuevo patrón de respuesta que haya elegido. Como en los pasos 2, 4 y 5, haga una observación cuidadosa de su conducta usando videos o casetes cuando sea posible. No se preocupe si sus metas no son absolutamente claras. Conforme pruebe sus nuevas habilidades de comportamiento, adquirirá más conciencia de lo que realmente quiere.

Paso 12. Obtenga retroinformación. Este paso es básicamente el mismo que el número 5, poniendo énfasis en los aspectos positivos de su comportamiento. Observe especialmente los puntos fuertes de su actuación y trabaje más en los puntos débiles.

Paso 13. Adapte su comportamiento. Los pasos 8, 9, 11 y 12 deberán repetirse tanto como sea necesario para "adaptar" su comportamiento acercándose gradualmente a la meta hasta que sienta que puede manejar la situación con comodidad.

Paso 14. Realice una prueba "en la vida real". Ahora está listo para poner a prueba sus nuevos patrones de comportamiento en situaciones reales. Hasta ahora, sus prácticas se han llevado a cabo en un ambiente relativamente seguro. Sin embargo, el entrenamiento y la práctica constante le han preparado para reaccionar de manera casi automática. Seguramente, ya está listo para una prueba real. Si aún no es así, tal vez necesite más práctica o ayuda externa. (Repita los pasos 8 - 12.) Pasar de la intención a la acción, tener confianza en sí mismo, puede ser el paso más importante de todos.

Paso 15. Evalúe el resultado de la prueba. Anote en su bitácora el resultado de su prueba "en la vida real". Estudie los resultados en general, sus impresiones sobre su eficacia, sus niveles USI y los detalles sobre los componentes específicos de su comportamiento. Si un amigo estuvo presente, pídale que comente sobre su actuacion. Si utilizó una grabadora para grabar su respuesta verbal, escuche la cinta con atención. Éste es un aspecto importante del proceso de aprendizaje; no lo ignore.

Paso 16. Continúe el entrenamiento. Repita los procedimientos que le han ayudado a desarrollar un comportamiento deseado en otras situaciones problemáticas. Para más ejemplos que le puedan ayudar a planear su propio programa de cambio, revise el capítulo 5 y el Apéndice A.

Paso 17. Establezca refuerzos sociales. Como paso final para establecer un patrón de comportamiento independiente, es importante que comprenda la necesidad de motivación externa. Para mantener en buen estado su nueva asertividad, es necesario establecer un método de recompensas en su propio ambiente. Por ejemplo, ahora sabe lo bien que se siente al actuar asertivamente; tenga por seguro que tal sentimiento le acompañará en toda ocasión. La admiración de otros es también una respuesta positiva que le motivará a continuar su desarrollo. Anote en su bitácora una lista específica de respuestas positivas a sus esfuerzos.

Hemos descrito detalladamente el proceso porque sabemos que funciona. Aunque deseamos enfatizar la importancia de proceder sistemáticamente, le recomendamos tomar en consideración sus necesidades personales, sus objetivos y su estilo particular de aprendizaje. Trate de establecer un ambiente que fomente su asertividad y recuerde que no existe un solo sistema que trabaje bien para todos.

Existen diferentes enfoques para desarrollar la asertividad; si desea enterarse de otras contribuciones importantes en este campo explore el material sugerido en la bibliografía.

Sin embargo, la práctica activa y voluntaria de pensamientos positivos y acciones asertivas en su vida es la mejor manera de continuar desarrollando su personalidad y obtener mayores beneficios.

13

LA ASERTIVIDAD
GENERA IGUALDAD
EN NUESTRAS RELACIONES
INTERPERSONALES

"La unidad es plural; o, en el menor de los casos, es
de dos."

R. *Buckminster Fuller*

"Defenderse" o "enfrentar" es el lema que generalmente se asocia
con la asertividad. La primera edición de este libro se dedicó casi
exclusivamente a fomentar ese tipo de comportamiento. En un ensayo crítico sobre ella, publicado en la revista *Behavior Therapy*, el
ya finado psiquiatra Michael Serber mencionó esta omisión. El
doctor Serber, quien ha ejercido gran influencia en nuestro trabajo,
escribió en esa ocasión (1971):

> En verdad es imperativo dominar las habilidades conductuales
> necesarias para enfrentar las múltiples situaciones personales,
> sociales y laborales existentes en nuestras vidas. Pero, ¿qué hay
> de las otras habilidades, como dar y recibir ternura y afecto?

¿No es la expresión de estos sentimientos también asertividad?...
la capacidad de expresar cariño y afecto, de transmitir y recibir
sentimientos, incluyendo el enojo, requiere... atención especial...
objetivos humanistas y técnicas conductuales puden dar paso a
nuevos comportamientos, más concretos y significativos.

Hemos observado que para muchas personas es más difícil expresar sentimientos positivos que "defenderse". Las expresiones de cariño son reprimidas, especialmente por los adultos. Algunas de las excusas más comunes para no expresar dichos sentimientos espontáneamente son la vergüenza, el temor de ser rechazados o ridiculizados y la idea que la razón debe predominar sobre la emoción.

En ocasiones, sólo decir "gracias" resulta difícil para algunos.

Gerardo era presidente de una compañía multimillonaria que nunca expresaba su reconocimiento a su personal. Un buen trabajo nunca se recompensaba, ni siquiera se apreciaba. Como es obvio, sus empleados se sentían desmoralizados porque el director nunca actuaba de un modo positivo o amable por temor a aparecer demasiado "flexible" o a que los demás trataran de sacar provecho de su actitud.

Tal parece que en nuestra sociedad, expresar nuestros sentimientos de bondad y afecto representa un "alto riesgo", lo cual es, sin lugar a dudas, algo muy triste. Desarrollar nuestra asertividad nos ayudará a expresar libremente nuestros más profundos sentimientos.

"Lo que el mundo necesita ahora..."

Eric Fromm, psiconalista, definió cinco tipos de amor en su libro *El arte de amar.* Aunque se haya escrito durante los años sesenta, los conceptos en él expresados son eternos: el amor fraternal, maternal, erótico, el amor a Dios y el amor a uno mismo.

Leo Buscaglia, psicólogo educativo y ex-miembro de la facultad de la Universidad del Sur de California, ha escrito sobre el tema del amor más recientemente. Buscaglia hizo que el público hablara y pensara sobre el amor como cultura popular. Aún no sabemos si su influencia será tan duradera como la de Fromm; sin embargo, es muy saludable para una sociedad hablar abiertamente acerca del amor, especialmente cuando casi toda nuestra atención está enfocada hacia la guerra, el crimen y la violencia.

Nos gustó bastante un estudio reciente de Robert Solomon de la Universidad de Texas. En su libro *About love* (Todo sobre el amor), Solomon considera el amor como una "identidad compartida". En su opinión, una pareja sana refuerza la autoestima de cada uno de sus miembros dándose mutuamente una sensación de totalidad y satisfacción que ninguno podría obtener por sí mismo. Estas parejas participan en un esfuerzo común por sacar a flote lo mejor de cada uno y su amor representa un proceso mutuo de mejoría. De este modo, el amor es recíproco, equilibrado, activo, dinámico y se nutre de sí mismo: el amor crea más amor. Es obvio que Solomon es un idealista, pero sus planteamientos representan una meta valiosa —y sorprendentemente factible— en nuestras relaciones amorosas.

El amor fraternal, esto es, el interés por el bienestar de otros miembros de la humanidad, es algo muy diferente de la romántica idea popular del amor. Es un aspecto vital y crucial de nuestras vidas en este pequeño planeta. No obstante la independencia que cada uno de nosotros posea, los humanos somos criaturas fundamentalmente interdependientes y sociales.

La comunicación eficaz y asertiva puede crear relaciones interpersonales positivas y equilibradas, una de las posesiones más valiosas de un ser humano.

Desde luego, algunos no estarán de acuerdo con nosotros, pues identifican el entrenamiento en asertividad con la década hedonista de los años setenta. En ese entonces, algunos cursos de asertividad eran impartidos por personas que carecían de la preparación necesaria y muchas veces ética, quienes presentaban el tema como si se tratara de un método para "salirse con la suya" ("Ah, sí, es donde aprendes a empujar a otros, ¿no?"). Desgraciadamente, algunos libros sobre asertividad también enseñaban un "estilo" manipulador y egocéntrico.

Esto, enfáticamente, no es la genuina asertividad. Nosotros creemos que el mundo es demasiado pequeño y las relaciones interpersonales demasiado vitales, para pensar así. Esperamos que usted esté de acuerdo y que aplique su asertividad para lograr relaciones saludables, equilibradas y afectuosas.

Una relación amorosa es un "organismo íntimo"

Confiamos en que ahora esté claro para usted que nuestra meta principal al actuar con asertividad es fomentar relaciones equilibradas. Una consecuencia natural de este esfuerzo ha sido el desarrollo reciente de un modelo de relaciones interpersonales, al cual llamamos "el organismo íntimo". "Íntimo" por razones obvias, "organismo" porque consideramos que es vital reconocer que las relaciones interpersonales deben permanecer vivas, crecer y cambiar de acuerdo con las necesidades de los involucrados y las exigencias de las circunstancias.

Nuestro modelo consta de seis dimensiones principales: atracción, comunicación, compromiso, placer, propósito y confianza. Cada una de estas dimensiones, desde nuestro punto de vista, es enriquecida por la mutua asertividad de las partes involucradas en la relación.

Usted será más atractivo si se comporta en forma asertiva, no agresiva ni débil. La *comunicación* asertiva, cuyo objetivo es el equilibrio de la relación, ofrece a las dos partes oportunidad de expresar sus puntos de vista y presupone que ambos son igualmente valiosos. El *compromiso* que adquirimos es mucho más claro cuando se expresa de un modo asertivo. Existen muchas oportunidades de obtener *placer* en una relación, si las dos personas comunican abiertamente lo que es de su agrado y lo que no lo es. La asertividad también refuerza nuestro *propósito* en una relación, evitando así la negatividad pasiva o, por otra parte, la agresividad hacia la otra persona. Y, desde luego, si sé que tú serás honesto(a) conmigo y podrás decir no cuando no te guste una idea o una acción, yo sentiré más libertad en la relación y tendré completa confianza en ti.

Estamos satisfechos del potencial del modelo Organismo Íntimo y creemos que al aplicar su asertividad y estas seis dimensiones en sus relaciones interpersonales, usted y aquellos a quienes ama obtendrán grandes beneficios.

Acercarse

Expresar nuestros sentimientos afectivos por otra persona también es un acto asertivo. Al igual que en otros casos, las acciones son más importantes que las palabras que utilicemos, especialmente cuando comunicamos afecto. Nada puede ser más personal que decir: "Significas mucho para mí".

Algunas formas para comunicar este mensaje pueden ser:

- Un apretón de manos, firme, cálido y largo
- Un abrazo, un apretón en el brazo, una palmada afectuosa en la espalda, un brazo sobre los hombros de la otra persona, un apretón cariñoso en la mano
- Algunas palabras sinceras y cálidas:
    "Gracias"
    "¡Eres lo máximo!"
    "Entiendo perfectamente lo que quieres decir"
    "Me gustó lo que hiciste"
    "Estoy aquí para cuando me necesites"
    "Te creo"
    "Confío en ti"
    "Te quiero"
    "Creo en ti"
    "Me alegra verte"
    "He estado pensando en ti"
- Una sonrisa cálida
- Contacto visual prolongado
- Un regalo (hecho por quien lo da o elegido especialmente para la persona)

Todos estos mensajes son familiares para usted. Sin embargo, puede que se le dificulte usarlos. Es demasiado fácil dejarnos llevar por la pena o dar por hecho que los demás saben cómo nos sentimos o que no les importa lo que digamos. Pero, ¿a quién no le importa? Todos necesitamos saber que a alguien le importamos y que alguien nos necesita y admira. Si las personas que nos rodean son demasiado sutiles al comunicar sus sentimientos positivos hacia nosotros, entonces dudaremos y tal vez busquemos en otro lugar el calor humano que necesitamos.

En relaciones muy íntimas, la de amantes, por ejemplo, siempre se da por hecho que cada uno de los miembros sabe exactamente lo que la otra persona siente. Estos supuestos pueden llevar a recurrir a consejeros matrimoniales con quejas como: "Nunca sé lo que siente", "Nunca me dice que me quiere", "Ya no nos comunicamos como antes". Con frecuencia es necesario establecer un patrón de comunicación en el que cada persona exprese sus sentimientos abiertamente, en particular los afectuosos. Mostrar abiertamente nuestro cariño no puede resolver todos los problemas de un matrimonio desavenido. Pero ciertamente apuntalará los cimientos ayudando a cada uno de los miembros a recordar los aspectos buenos de la relación.

Entrevistamos a un grupo de estudiantes universitarios acerca de lo que les hace sentirse bien. Algunas de sus experiencias favoritas son las siguientes (note que la mayoría de ellas están relacionadas con el cariño de otra persona):

- Aceptar una invitación
- Logro de un objetivo
- Afecto
- Aprobación
- Seguridad
- Cumplidos del sexo opuesto
- Motivación
- Que alguien muestre interés en nosotros

- Amistad
- Obtener una "E" en un examen
- Decir un cumplido
- Buenas calificaciones
- Saludar a alguien
- Tener un amigo
- Que alguien nos salude
- Ayudar a otros
- Poner en práctica ideas nuevas
- Ser independiente
- Terminar un trabajo
- Cuidar mis plantas
- Reir
- Hacer nuevos amigos
- Las demostraciones de amor de mi pareja
- Satisfacción personal
- Comentarios positivos
- Elogios
- Recibir un cumplido
- Aceptación
- Recibir reconocimiento cuando hablo
- Peticiones de repetir un trabajo previamente realizado
- Seguridad
- Cantar
- Palabras de aliento
- Contacto físico

Todos necesitamos contacto positivo con otros. Los terapeutas tratan a muchos pacientes infelices precisamente por la falta de estas "caricias" en sus vidas.

Imagine las escenas siguientes:

...Usted se encuentra solo en una gran fiesta; un extraño se acerca e inicia una conversación; usted ya no se siente ansioso ni perdido en una multitud.

…*Tres días después de cambiarse a un nuevo vecindario, la pareja que vive al lado le da la bienvenida con una taza de café y un pastel recién horneado.*

…*Usted busca sin gran éxito el nombre de una calle en un país extranjero. Un residente del lugar se acerca y ofrece ayudarlo.*

Dedique unos minutos para anotar en su bitácora cómo se sentiría usted en estas situaciones.

Reacciones cálidas como éstas no benefician únicamente al receptor, también producen un sentimiento de satisfacción en la persona que se acercó con asertividad. Por lo regular, la gente duda en iniciar este tipo de contacto por el miedo al rechazo, una reacción común para evitar la responsabilidad de un comportamiento asertivo. Tal iniciativa implica interés por la otra persona y valentía. Aun así, ¿quién podría rechazar tal cortesía?

Usualmente, este tipo de acciones son mucho más fáciles de lo que uno imagina. Cuando entre a un salón, una junta, un autobús o un avión, piense qué fácil sería acercarse a un asiento desocupado y preguntar a quien esté sentado al lado "¿está ocupado?" De este modo no sólo habrá encontrado un lugar donde sentarse (si efectivamente está libre), sino que habrá iniciado una conversación. Después de este contacto, le será muy fácil inquirir más acerca de la otra persona, "¿A dónde va?", "¿Ha escuchado a este comentarista?", "Me llamo…".

No espere a que otros tomen la iniciativa. ¡Arriésguese! Es un gran paso hacia la asertividad y una forma nueva de interesarnos en nosotros mismos y en los demás.

"¡Gracias, lo necesitaba!"

Halagar a alguien es, por lo regular, incómodo. Felicitar o reconocer a alguien que ha hecho un buen trabajo puede ser difícil para usted. Una vez más, recomendamos práctica. Trate de halagar a otros cuando se presente una buena oportunidad, no sin honestidad o sinceridad. No se preocupe por las palabras; su sensibilidad y la honestidad de sus sentimientos se transmitirán por sí solas si usted actúa. Puede simplemente decir: "Lo hiciste bien" o "Excelente" o sonreir ampliamente.

Aceptar cumplidos, directamente o a través de otra persona, tal vez sea una tarea aun más difícil, especialmente si no estamos satisfechos de nosotros mismos. Pero aceptar halagos de los demás, es un acto asertivo y mutuamente benéfico.

Piense en esto: no tiene derecho de negar la percepción que otra persona tiene de usted. Si usted dice algo como, "Fue algo fortuito", "Era mi día de suerte", "Fue accidental", es como si dijera que la persona no tiene buen juicio o que está equivocada. Reconozca a todos el derecho de expresar sentimientos, y si éstos son positivos hacia usted, tenga la cortesía de aceptarlos.

Usted no tiene que alabarse a sí mismo, o darse crédito por cosas que no realizó. Sin embargo, si otra persona desea expresar algo positivo acerca de usted, acéptelo, sin rechazo ni calificación. Por lo menos diga, "Es difícil para mí aceptar esto, pero gracias", o tal vez, "Qué bueno que te gustó" o "Me alegra oírlo".

Amistad

"Nancy ha estado conmigo en mis peores momentos, me ha visto cometer muchos errores, ha sentido mi enojo injustificado, estuvo ahí cuando me sentía destrozado. ¡Estoy sorprendido!; ¡todavía es mi amiga!"

No existe ninguna relación parecida a la amistad. No es irracional como el amor y es mucho más intensa que un contacto casual. La amistad representa, tal vez, una interacción humana de las más difíciles de entender.

El conocimiento actual existente acerca de la amistad es aún bastante incompleto; la mayoría de las investigaciones sobre las relaciones humanas se hace con parejas o extraños. Aun así, la sabiduría popular es muy útil al examinar el lazo que existe entre amigos:

...Los amigos tienen algunos intereses comunes.

...Los amigos comparten una relación duradera, con contactos periódicos (aunque no necesariamente regulares).

…Los amigos se confían (por lo menos en cierto grado) información, dinero, seguridad y otras relaciones.

…Los amigos no pueden negarse nada y siempre serán amigos.

…Los amigos pueden ver y aceptar lo peor del otro.

…Los amigos rara vez sienten que se "deben" algo. Dar y recibir no es una obligación para ellos (¡tal vez dentro de ciertos límites!).

…La amistad se caracteriza por la comprensión, la comunicación, la aceptación, la falta de incomodidad y la confianza.

La amistad se lleva dentro de nosotros, es una actitud hacia los demás muy parecida al amor, al enojo o al prejuicio.

No necesita de expresiones exteriores regulares; sólo requiere que exista un sentimiento de compromiso con la relación. Por lo regular, éste es apoyado por la creencia de que la otra persona se preocupa por uno y también valora la relación. Si sentimos que somos lo suficientemente importantes uno para el otro como para recordarnos con cariño y alegría, seguramente nuestra amistad continuará a pesar de que no nos veamos en años.

Es bastante común observar en aeropuertos o fiestas de bienvenida, escenas muy emotivas entre amigos que no se han visto en mucho tiempo. Una amistad casi siempre sobrevive aunque el contacto se reduzca a una ¡tarjeta de Navidad al año! ¿Qué la mantiene? ¿Pueden estas relaciones ser llamadas "amistad"? ¿Por qué no?

"La verdadera amistad", nos explica Letty Cottin Pogrebin en su libro *Among friends* (Entre amigos), "describe un sentimiento… mejor capturado por la palabra 'soulmate' (compañero de alma) en el sentido aristotélico de 'una sola alma que habita dos cuerpos'… un sentimiento que puede ocurrirle a dos personas que actúan como ellas mismas, juntas y a quienes les gusta lo que está ante sus ojos."

Pero, ¿qué tiene esto que ver con la asertividad? ¿Cómo contribuye a la amistad el ser asertivo y viceversa?

Considere la siguiente teoría, aún no probada: si usted actúa asertivamente la mayor parte del tiempo, sus posibilidades de tener relaciones satisfactorias son mayores que si lo hace de un modo no asertivo o agresivo. No podemos probar esa idea. De hecho, ni siquiera hemos soñado con alguna investigación que nos permita hacerlo (¡si usted lo logra, nos agradaría nos lo hiciera saber!). Sabemos de antemano que se puede hacer, por las observaciones del comportamiento asertivo que hemos llevado a cabo.

Actuando de acuerdo con esta hipótesis y asumiendo que le gustaría tener relaciones satisfactorias, lo invitamos a aplicar la asertividad que ha adquirido para lograr una amistad:

...Tome los riesgos necesarios para convertir "a un simple conocido" en un amigo.

...Véase a sí mismo como lo ve su amigo.

...Comparta algo suyo que regularmente no diría a nadie.

...Sea espontáneo con su nuevo amigo, sugiera lo que le nazca en ese momento, escuche verdaderamente lo que es importante para su amigo, sorpréndalo con un obsequio inesperado.

...Pídale un consejo o ayuda en algún proyecto (recuerde que él también tiene derecho de negarse y seguir siendo su amigo).

...Dígale simplemente que le cae bien.

...Aclare las cosas con él; si está usted molesto o sospecha que él lo está, háblelo.

...Sea honesto. No permita que los supuestos definan su relación. Si la relación no lo aguanta, quizá de todas formas no hubiera durado; si lo aguanta, habrá avanzado muchísimo.

Cuando somos adultos, la amistad ayuda a definir nuestra personalidad, de la misma manera que nuestra familia lo hace cuando somos niños. (La falta de amigos también dice mucho de nosotros.) Si usted actúa de un modo asertivo experimentará la diferencia al cultivar amistades. ¿Tal vez lo ha pospuesto por demasiado tiempo?

Padres e hijos en la familia asertiva

¿Desde cuando no se sube usted a un sube-y-baja? ¿Recuerda cómo podía controlar a la otra persona balanceando su propio peso? Si echaba su peso hacia adelante con rapidez, su amigo caía de inmediato; pero al echarse hacia atrás, quedaba suspendido.

El balance en una familia o en otro sistema interpersonal no es muy diferente que el del sube-y-baja. Cualquier cambio de alguno de los integrantes de la familia por lo regular afecta el equilibrio de todo el sistema. Usualmente las familias se "resisten" fuertemente al cambio, debido al delicado balance de sus relaciones, aunque el sistema sea doloroso o incluso destructivo.

Actuar con asertividad es un cambio que claramente afectará el equilibrio familiar.

Un ejemplo de lo anterior es Elena, una madre y esposa pasiva por años. Cuando ella empezó a actuar con asertividad, la relación familiar se tornó tensa. Los niños, acostumbrados a manipularla fácilmente, se vieron forzados a buscar formas nuevas y más directas de lograr sus deseos. Su esposo José, aunque renuente, la apoyó planchando sus propias camisas y ayudándola con los deberes del hogar, ya que Elena decidió reiniciar sus estudios de tiempo completo.

Estos cambios representan un ajuste difícil para todos. Considerar este rompimiento en el balance familiar, puede ser un gran obstáculo para la persona que desee volverse asertiva. Es muy probable que la pareja tradicional se resista al cambio, especialmente si éste significa compartir más la responsabilidad para el bienestar de la familia. Para los niños, es difícil aprender un nuevo estilo para manejar los nuevos retos que representa una acción asertiva.

¿Y los derechos de los niños?

Se ha dicho que "la última frontera de los derechos humanos es la de los derechos de los niños". A pesar del aparente respeto histórico a los derechos humanos y los recientes triunfos en los derechos de las minorías, las mujeres y otros grupos que han sido relegados y oprimidos, ha habido muy pocos cambios en nuestra noción básica de que los niños son ciudadanos de segunda clase. La glorificación de la "juventud" en nuestros medios masivos de comunicación, moda, música y literatura, desgraciadamente no ha provocado un respeto comparable por los derechos de los jóvenes. Sin debatir la relación entre inocencia e inexperiencia y edad y sabiduría, permítanos sugerir que los niños asertivos, al igual que los adultos, tienen más probabilidades de ser más sanos, felices, honestos y menos manipuladores. Sintiéndose mejor respecto a ellos mismos, estos jovencitos están en camino de convertirse en adultos más realizados y asertivos.

Estamos totalmente a favor de un esfuerzo consciente de las familias, escuelas, iglesias y dependencias públicas para fomentar la asertividad en nuestros jóvenes. Debemos crear condiciones que toleren e incluso apoyen su espontaneidad natural, su honestidad y su sinceridad, en lugar de sacrificar estas cualidades por la ansiedad de los padres y la autoridad escolar.

Seamos claros; no abogamos por una educación totalmente permisiva. La vida real nos limita en muchos aspectos y los niños deben aprender esto pronto para poder desarrollar habilidades que les permitan s-o-b-r-e-v-i-v-i-r. Sin embargo, consideramos vital que en las familias, escuelas y otros sistemas de educación, se trate al niño con respeto, se tomen en cuenta sus derechos, se valore su expresión honesta y se le enseñen las habilidades necesarias para actuar de acuerdo con todo ello.

Las habilidades asertivas en los niños son invaluables para poder comunicarse con sus compañeros, maestros, hermanos y padres. Recientemente, Mike Emmons dirigió dos grupos de asertividad en una escuela primaria local (grados 1-3 y 4-6). Los niños se mostraron entusiastas y representaron voluntariamente algunas situaciones comunes de sus vidas diarias:

"¿Qué hacer si alguien se "mete" y toma tu lugar mientras esperas tu turno en la cafetería?"

"Mi hermana siempre toma mis cosas sin pedírmelas. ¿Qué debo decirle?"

"Cuando me toca jugar, Julio no me deja."

"¿Qué hago si alguien me molesta o me pone 'apodos'?"

"La mamá del bebé que cuidé el otro día olvidó pagarme. Mi mamá dice que le debo hablar para recordarle. Me da pena."

Los niños entendieron fácilmente el concepto de asertividad. Practicaron las habilidades y disfrutaron mucho las filmaciones. Incluso su retroinformación mutua fue específica y útil. Los niños también pueden aprender las bases de la asertividad y aplicarlas en su vida diaria.

Por lo regular es muy difícil para los padres diferenciar si su actitud es asertiva o agresiva al tratar de disciplinar a sus hijos. Sin embargo, la asertividad es especialmente útil en las relaciones entre padres e hijos. Aunque cada situación es única, la clave para definir la asertividad en las relaciones familiares es el respeto mutuo. Los niños, como los padres, son seres humanos individuales; merecen un trato justo y ser disciplinados sin violencia ni agresión.

La mayoría de los principios y procedimientos mencionados en este libro son aplicables al desarrollo de la asertividad infantil. No presentaremos ningún material especial. Si usted se interesa en el tema, le recomendamos adquirir los siguientes libros: *Liking Myself* (Amor a mí mismo) y *The Mouse, the Monster, and Me* (El ratón, el monstruo y yo), escritos especialmente para niños por la psicóloga de Denver, Pat Palmer.

Los niños crecen, ¿no es verdad?

Independizarnos de nuestros padres es, acaso, uno de los más grandes retos que experimentamos en la vida; ciertamente representa crecer. Es normal y muy saludable que los adolescentes se comporten de una manera rebelde, pues esto facilita el desarrollo de su independencia. Si los padres actúan de un modo dominante y los hijos se sienten inhibidos, el proceso tomará más tiempo y retardará los pasos hacia una vida adulta independiente.

Algunas veces, la independencia en las vidas de adultos de todas las edades está restringida porque no han "cortado el cordón umbilical" y se sienten atados a sus padres. Según nuestra experiencia, un acto asertivo proveniente del "niño" puede "ventilar" las cosas, aclarar la situación para el padre y permitir la necesaria expresión de sentimientos de ambos lados.

Tal confrontación es inevitablemente dolorosa y es un considerable riesgo de que ambos, padre e hijo, abran viejas heridas. A pesar de ello creemos que la falta de comunicación es peor. Los adultos que evitan encarar una situación con sus padres o sus hijos adultos como lo harían con cualquier otra persona cercana, pueden experimentar culpabilidad desmedida, inseguridad, inhibición, agresión reprimida y muchas veces depresión.

Iris Fodor y Janet Wolfe, psicólogas neoyorkinas, han realizado un trabajo excelente con las relaciones entre madres adultas e hijas y sus cinco pasos hacia una nueva y asertiva relación madre-hija pueden ser de mucha utilidad para los interesados en el tema:

...Reconozca los ciclos por los que ambas están pasando (independencia económica, menopausia, jubilación).

...Identifique las actitudes o creencias que inhiben la comunicación asertiva ("No le contestes a tu padre").

...Descubra los derechos y las metas de cada una.

...Identifique las emociones (ansiedad, culpa) que interfieren con el logro de las metas.

...Pruebe nuevas formas de relacionarse (de adulto a adulto en lugar de padre a hijo).

Resumen

Para resumir el tema de la asertividad en la familia:

* El comportamiento asertivo beneficia tanto a los individuos como a las relaciones.
* La comunicación asertiva, inofensiva, honesta y abierta es muy deseada y valorada en las familias.
* Los niños, al igual que los adultos, deben aprender a ser asertivos dentro de la familia y fuera de ella.
* Los principios y procedimientos para definir y aprender asertividad, descritos en este libro, se aplican tanto a adultos

como a niños (modelo, ensayo, retroinformación, práctica, reforzamiento, respeto mutuo y derechos individuales).

El cambio en los sistemas familiares es más difícil y consume más tiempo y energía, además de que implica un mayor riesgo (las familias también pueden "derrumbarse") que un cambio individual. Lo motivamos a que lo considere cuidadosamente, no proceda con rapidez, invite a todos abiertamente, evite obligar a nadie, tolere fracasos y recuerde que ¡nada ni nadie es perfecto! A pesar de todas estas precauciones, también lo motivamos a trabajar para el desarrollo de una "familia asertiva", la cual puede ser un ambiente emocionante y de continuo crecimiento.

Una nota final antes de terminar este capítulo sobre las relaciones. Todos vivimos en redes de relaciones que empiezan con nosotros como individuos, pasan por familiares y amigos cercanos, incluyen vecinos, asociaciones, comunidad, región, nación, hemisferio, el mundo (¿tal vez el Universo?). Cosas que pasan en la siguiente calle, en el otro pueblo, en un estado cercano, incluso del otro lado del mundo, pueden tener efectos duraderos en nuestras vidas.

Conforme se acerca el siglo veintiuno, la agitación política es prácticamente sin precedentes. Es imposible predecir los resultados finales, o siquiera suponer cómo habrán cambiado las cosas cuando lea este párrafo. Por ejemplo, en este momento (1990), el Muro de Berlín es ya historia, también Alemania Oriental y Occidental están a punto de convertirse en una nación unificada, como lo fuera en la primera mitad del siglo veinte. En Sudáfrica, el *apartheid* está muriendo. Varias repúblicas de la Unión Soviética buscan su autonomía local; Lituania se declaró estado independiente (a pesar de que tropas y tanques soviéticos ocupan las calles y es difícil ser optimista respecto a los prospectos de un "divorcio" exitoso). Nicaragua ha instalado un gobierno elegido por el pueblo en elecciones libres. Cambios similares, incluyendo un debilitamiento significativo del aparente poder del gobierno de los partidos comunistas, están sucediendo en Checoslovaquia, Hungría, Polonia y en otros lugares. Europa se convertirá en una comunidad económica unida en 1992.

Los cambios, y la velocidad con la que ocurren, son impresionantes. Un observador optimista diría que la gente de todas partes está luchando por su independencia, declarando sus derechos de libertad y autodeterminación. Un pesimista diría que muchos de quienes pelean por la libertad no están preparados para ella, no tienen ninguna experiencia para gobernarse y señalarían todas las fallas de los gobiernos populistas instantáneos.

Como la autonomía local, el nacionalismo y la independencia están siendo defendidos en todo el mundo, quizá podamos esperar no perder de vista nuestra *ciudadanía mundial* en el proceso. La tierra es pequeña; no podemos permitirnos la arrogancia y la división étnica provocadas por la separación por medio de fronteras políticas. Las relaciones empiezan en el hogar, en el vecindario y en la ciudad propia; pero deben extenderse hacia todos nuestros hermanos, los seres humanos que habitan este pequeño planeta. Nuestra supervivencia como especie se encuentra gravemente amenazada.

14

"ENOJO"
NO ES UNA MALA PALABRA

"Cuando se enoje, cuente hasta cinco; cuando esté
furioso, diga malas palabras."

Mark Twain

La confusión común entre los sentimientos de enojo y el comportamiento agresivo crea una barrera a la expresión de la natural, saludable, universal y útil emoción que llamamos enojo.

Algunas personas dicen "yo nunca me enojo". No lo creemos; todos nos enojamos. Algunas personas han aprendido a controlar sus emociones y no muestran su enojo abiertamente. Estamos convencidos de que es muy saludable expresar enojo y que podemos hacerlo de una manera constructiva. Las personas que desarrollan formas asertivas y no destructivas de controlar su enojo convierten la agresión en algo innecesario en sus vidas.

La gente suele expresar su enojo, frustración o desilusión por medio de métodos indirectos que lastiman a los demás. Si lo que deseamos es cambiar el comportamiento de la otra persona, estas formas de actuar casi nunca logran su cometido.

Marta y Jaime, recién casados, son un caso "clásico". Durante los primeros meses de su matrimonio, Marta descubrió que algunos de los hábitos de su esposo no eran de su completo agrado. Desgraciadamente para ambos, no tuvo el valor suficiente para expresar sus objeciones abiertamente. En lugar de ello, prefirió una forma "segura" de expresar su insatisfacción; lo habló con su madre. Peor aún, no bastándole las conversaciones diarias por teléfono con ésta acerca de los "defectos" de Jaime, también usaba las reuniones familiares para reprender a su marido enfrente de todos.

Este estilo "acusador" (comentar con una tercera persona(s) los aspectos que nosotros no aprobamos de otra) puede tener consecuencias terribles en una relación. Jaime se siente herido, avergonzado y hostil por los ataques de Marta; hubiera preferido que ella eligiera la privacidad de su hogar para discutir el problema. En lugar de sentirse motivado a cambiar sus hábitos, responde con agresividad y decide defenderse intensificando el comportamiento que ella desaprueba.

Si Marta hubiera actuado en forma asertiva expresando directamente sus sentimientos, hubiera creado una buena base para un esfuerzo compartido de modificación del comportamiento de Jaime y de su propia reación inapropiada a éste.

Si Jaime hubiera respondido asertivamente desde el principio del proceso, hubiera prevenido los ataques y el creciente resentimiento de su esposa. En lugar de eso, su determinación de venganza seguramente provocará riñas futuras y es muy probable que esta relación termine en un divorcio.

Raúl llevó su automóvil a un taller mecánico para un servicio que tardaría varias horas. El taller da "servicio primero a quien llega primero"; Raúl llegó a las 8 de la mañana y le dijo al encargado que recogería el auto a las 4:30 aproximadamente.

Cuando regresó, se llevó a cabo la conversación siguiente:

Raúl: "Qué tal, soy Raúl G. y vengo a recoger mi auto".

Encargado (mirando la lista de servicios): "Disculpe, señor, todavía no terminamos con su automóvil".

Raúl: "¡Vaya! ¡Eso sí que me molesta! Se supone que ustedes atienden primero a quien llega primero y yo llegué desde las 8:00. ¿Qué pasó?".

Encargado: "Bueno, tuvimos un día muy pesado. Lo estacionamos en la parte trasera y no nos dio tiempo de terminarlo".

Raúl: "Eso de nada me sirve, es muy problemático para mí prescindir de mi auto por todo un día".

Encargado: "Lo sé muy bien y le pido disculpas. Le prometo atenderlo a primera hora si usted gusta volver a traerlo mañana".

Raúl tiene que hacer una elección: obligar al encargado a pedirle a alguien que trabaje horas extra en su automóvil; llevarlo a otro taller; regresar al día siguiente para el servicio; exigir que le presten otro auto o responder con agresión.

Hasta ahora, ha expresado su enojo sin agredir al encargado; estaba realmente furioso y se lo hizo saber sin ofenderlo ni degradarlo como persona. Pudo haber respondido violentamente diciendo "...Al diablo usted y su taller", o explotando: "¡Imbéciles... quiero que arreglen mi auto en este momento!". Cualquiera de estas dos respuestas seguramente provocarían una reacción violenta del encargado y no lograrían resolver el problema.

Hechos, teorías y mitos acerca del enojo

Continuamos buscando las respuestas fáciles.

Elegimos dirigentes que ofrecen soluciones falsas a los increíbles y complejos problemas del día, como si pudiésemos diferenciar a los "buenos" de los "malos" al igual que en las películas del oeste, por el color de sus sombreros. Tratamos de simplificar las relaciones entre las causas "aparentes" y sus "efectos". Queremos que la respuesta a "¿Por qué me comporto así?", sea simplemente, "Porque lo entrenaron a usar el escusado demasiado pronto". Buscamos ecuaciones fáciles que nos "expliquen" los misterios del comportamiento humano.

El enojo es uno de esos fenómenos que son presa fácil para la psicología simplista. Se le caracteriza como "pecaminoso" (y por consiguiente, debe evitarse cueste lo que cueste), "liberador" (y por consiguiente, debe expresarse cueste lo que cueste), y todas las demás opciones existentes entre ambas caracterizaciones.

Existe considerable controversia entre los terapeutas y los investigadores que estudian y trabajan con el enojo. Entre los pocos puntos concordantes entre ellos podemos mencionar:

- El enojo es una emoción humana normal y natural.
- No debemos temer al enojo.
- Debemos aprender a expresar nuestro enojo de una manera eficaz.

Entre los puntos discordantes de sus teorías se encuentran:

- La naturaleza y las raíces del enojo.
- Formas eficaces de expresar enojo.
- La importancia de "ventilar" los sentimientos de enojo.

El último punto, "ventilar", es uno de los más controvertidos de este estudio. El doctor Roger Daldrup (1988), de la Universidad de Arizona, es uno de los especialistas a favor de gritarle a una silla vacía o del uso de almohadas, baños de espuma y otros recursos naturales como instrumentos para liberar "físicamente" nuestros sentimientos de enojo. Otros, incluyendo al doctor en psicología Gary Hankins (1989), de Salem, Oregón, contradicen con sus investigaciones el trabajo del doctor Daldrup, demostrando que el aprendizaje de tales técnicas de expresión física directa en realidad fortalece el sentimiento de enojo y motiva a las personas a ventilarlo incluso en "circunstancias inseguras" (como cuando la otra persona está presente y puede surgir una pelea violenta).

El psicólogo Matthew McKay (1989), de San Francisco, California, apoya en general el punto de vista de Hankins, pero también señala que la función del enojo en nuestro organismo es reducir el estrés y cualquier método no destructivo de expresión que lo logre es apropiado.

En la Universidad Estatal de Colorado, el profesor de psicología Charles Cole (1990), añade otra dimensión a la controversia reportando los efectos a largo plazo del enojo crónico. El doctor

Cole ha concluído que existe un riesgo claro para la salud de aquellas personas que sufren de enojo crónico. Él estudió a 50 pacientes con problemas cardiacos y descubrió que cuando los pacientes discuten temas de controversia, las arterias mayores se contraen, causando una reducción en la corriente sanguínea, elevando la presión arterial y aumentando el riesgo de un ataque al corazón.

En quienes experimentan enojo crónico, la contracción de las arterias es también crónica y, consecuentemente, el riesgo de ataques cardiacos es mucho mayor.

Afortunadamente, no necesitamos resolver las diferencias entre los especialistas en la materia para comprender que el enojo es una emoción críticamente importante. No tome su enojo a la ligera; aprenda qué lo causa, trate de sentirse mejor en las situaciones específicas que lo producen y desarrolle formas eficaces de expresarlo cuando se presente. El resto de este capítulo versa sobre lo que nosotros consideramos la actitud más saludable para controlar nuestros sentimientos de enojo.

En realidad, existe un patrón bastante consistente en las investigaciones que nos ofrece un modelo de expresión del enojo de un modo teóricamente lógico y positivo. Como es obvio, nadie posee todas las respuestas para este difícil problema, pero a continuación le presentamos una tabla donde resumimos algunas de las nociones más actuales sobre el enojo, clasificándolas en tres partes: *hechos*, descubrimientos que han sido demostrados por una detallada investigación o aquellos evidentes en sí mismos; *teorías*, ideas que ofrecen cierta evidencia sólida, pero que carecen de una clara validez y a veces nos confunden; *mitos*, ideas que, a pesar de su aceptación, han demostrado ser erróneas o que aparentan ser exactas superficialmente, pero contienen supuestos falsos. La tabla representa un resumen de lo que se conoce acerca del enojo, de acuerdo con estudios recientes. Si usted desea obtener más información, le sugerimos la adquisición del excelente libro *Anger: the misunderstood emotion* (Enojo, la emoción incomprendida) (1982), de la doctora Carol Tavris.

ENOJO: HECHOS, TEORÍAS Y MITOS

Hechos	Teorías	Mitos
El enojo es un sentimiento con componentes fisiológicos.	Las personas tímidas, las depresivas y las suicidas manifiestan sentimientos de enojo hacia sí mismas.	Dar rienda suelta a nuestro enojo (gritando, golpeando almohadas o pataleando) lo "libera" y en consecuencia lo "controla".
El enojo no es una forma de comportamiento.	El enojo debe expresarse siempre de forma espontánea e inmediata.	Las mujeres se enojan menos que los hombres.
El enojo es universal entre el género humano.	El enojo debe contenerse hasta que podamos expresarlo de modo calmado y racional.	Algunas personas nunca se enojan.
No expresar nuestro enojo aumenta el riesgo de problemas cardiacos tanto en hombres como en mujeres.	Es deseable expresar nuestro enojo en forma verbal.	El enojo siempre es resultado de la frustración.
Lo que realmente importa es resolver el problema; por tanto, el método de expresión del enojo es importante.	En nuestra cultura expresar enojo es más fácil para el hombre que para la mujer.	El enojo siempre es una emoción "secundaria", la cual encubre otro sentimiento más real.
Expresar nuestros sentimientos de enojo, esto es, la catarsis, tiene un valor perdurable siempre y cuando sirva de base para la solución de los mismos.	Por lo general, la mujer inhibe sus sentimientos de enojo debido al condicionamiento social de nuestra cultura.	La persona que se enfada necesariamente mostrará un comportamiento agresivo.
La expresión agresiva sólo conduce a incrementar las respuestas agresivas, no a la solución.		La violencia en la televisión, los deportes activos o el trabajo competitivo "liberan" el enojo.
El enojo no es como una "tetera", la cual explota por exceso de presión.		El comportamiento agresivo es instintivo en el ser humano.
El enojo se manifiesta más directamente hacia las personas cercanas a nosotros, no hacia los extraños.		El enojo es una emoción destructiva, pecaminosa e indeseable.

Ésta es nuestra posición en cuanto a la expresión saludable del enojo:

Es posible y deseable expresar sentimientos de enojo sin lastimar a nadie (física o emocionalmente). Una expresión honesta y espontánea puede ayudar a prevenir el enojo destructivo e inapropiado. Por lo regular esto le ayudará a alcanzar sus objetivos rápidamente. Pero aun cuando nuestro comportamiento asertivo no nos ayude a lograr lo que deseamos, disipa el enojo que sentiríamos hacia nosotros mismos si no hubiéramos hecho nada.

Una parte importante de la expresión constructiva del enojo es aceptar la responsabilidad de nuestros propios sentimientos. Usted siente el enojo y eso no convierte a la otra persona en "estúpida" o en la causa de su sentir.

Dar rienda suelta a nuestra agresión golpeando a otros con bates de hule espuma o usando lenguaje obsceno no es psicológicamente sano. La expresión física de nuestra hostilidad no resuelve el problema. Golpear la mesa, patear el piso, llorar, tirar golpes al aire, golpear almohadas son todas formas de liberación temporal de sentimientos fuertes sin agresión a terceros. Sin embargo, no son métodos eficaces para controlar su enojo.

Contrariamente al mito popular, los sentimientos de enojo no son "liberados" a través de acciones agresivas; tales técnicas simplemente nos enseñan a manejar nuestro enojo de una forma agresiva.

"Mi enojo reprimido me atemoriza"

El enojo es una influencia poderosa en nuestra capacidad de entender y expresar nuestros sentimientos, y en nuestra salud mental en general. Aun así, para muchas personas el enojo representa una de las emociones más difíciles de expresar. Nuestros grupos de asertividad por lo regular pierden miembros cuando se habla de la expresión del enojo. Muchos simplemente le temen a su propia ira; como la han "enterrado" por muchos años, les aterrorizan las posibles "consecuencias" si repentinamente la dejan salir.

La experiencia nos ha mostrado que la liberación gradual de nuestras expresiones de enojo puede atemorizar a muchos. Sin conocer formas constructivas o asertivas para expresarlo, asumen que si "ventilan" sus emociones herirán a otras personas. "Prefiero sufrir en silencio que herir a alguien", es una disculpa común e infortunada.

Y, sin embargo, mucho del dolor en las relaciones humanas es ocasionado por las expresiones de enojo reprimidas. Ambas personas sufren; la que se encuentra enojada, en silencio. La otra persona continúa comportándose de un modo perturbador y se pregunta por qué se está deteriorando la relación.

¡Usted no es una tetera!

Debemos hacer una importante distinción. Investigaciones recientes han confirmado que el popular concepto de que nuestros sentimientos son como una tetera es falso. Muchos creen que si "expresamos" nuestro enojo, éste se alejará e impedirá los problemas ocasionados por "tragarse todo". Sabemos que la expresión del enojo es sólo el principio.

Lo que en realidad pasa es que recordamos situaciones que nos molestaron, lo cual puede hacernos experimentar nuevamente sentimientos de enojo. Sin embargo, hay mucha diferencia entre una "tetera" de sentimientos a punto de ebullición y un "banco de memoria" de experiencias almacenadas. Controlar de un modo eficaz el enojo almacenado no significa golpear una almohada hasta quedar exhausto; significa buscar por uno mismo la solución del problema: por medio de la negociación, la confrontación, el perdón, la actitud de cambio o la psicoterapia.

El alivio emocional del enojo se obtiene únicamente cuando su expresión se acompaña de alguna solución del problema que lo causó. Sacar nuestros sentimientos a flote, incluso de una manera asertiva, únicamente "prepara el escenario". El paso importantísimo que logra la diferencia es resolver el conflicto con la otra persona o en nuestro interior.

La falta de acción o solución puede aumentar el enojo sin importar si éste se ha expresado o no. Así que, exprese su enojo, pero dé seguimiento a esta acción asertiva con hechos que le ayuden a resolver el problema. Tal vez pueda negociar una solución asertiva con la persona con quien ha tenido problemas, o tal vez algunas veces encuentre satisfacción en su interior (quizá con la ayuda de un terapeuta o un amigo). En cualquiera de los casos, no se detenga diciendo "¡Estoy completamente loco!"; mejor continúe con "...y esto es lo que creo que debemos hacer...".

"¿Por qué me molesto tanto?"

Aquí analizaremos algunos elementos que le ayudarán a responder.

Su ambiente. Veamos. ¿Dónde se enoja? Piense en la temperatura, la contaminación, el clima. ¿Estaba en un embotellamiento? ¿Una multitud lo sacó a empujones? ¿Tuvo que esperar demasiado tiempo? ¿Vive bajo opresión política? (No es muy difícil entender el enojo de los negros en Sudáfrica.) ¿Tiene problemas económicos? (La depresión económica es enemiga de la alegría.) ¿Pertenece a una minoría que es tratada injustamente? (Mujeres, negros, nativos americanos, hispanos, judíos, homosexuales... en Estados Unidos muchísimas personas tienen el derecho de iniciar su día enojados.)

Usted mismo. ¿Cómo está su salud? ¿Sufre de algún impedimento? ¿Se siente cansado la mayor parte del tiempo? ¿Vive en tensión? ¿Se alimenta con una dieta balanceada? ¿Se ha realizado algún examen médico recientemente para asegurar que todo ande bien en su organismo? Cualquiera de estos factores pueden contribuir al enojo bajo situaciones determinadas.

Sus actitudes y expectativas. ¿Cree usted que el mundo debe tratarlo bien? ¿Es importante para usted que los demás reconozcan sus logros? ¿Es usted una persona justa? ¿Existen algunas fórmulas para hacer las cosas "bien"? ¿Reglas que todos debemos respetar? Tales actitudes, creencias y expectativas, aunque humanas, pueden provocar su enojo por el modo en que el mundo real le trata a usted y a los demás.

Su trabajo. ¿Trabaja con personas irracionales? ¿Se siente feliz en sus relaciones personales e íntimas? ¿Su trabajo es satisfactorio y gratificante? Si usted no tiene trabajo, es posible que esté más cerca del enojo todo el tiempo.

"¿Qué puedo hacer con mi enojo?"

Existen formas constructivas de controlar nuestro enojo. Para nosotros, ésta es una manera saludable de hacerlo:

Antes de enojarse,

(1) Reconozca y permítase creer que el enojo es un sentimiento humano natural, saludable y bueno. Todos lo sentimos, aunque no todos lo expresamos. No tenga temor de su enojo.

(2) Recuerde que usted es responsable de sus propios sentimientos. Usted se enojó por lo que pasó; la otra persona no lo "hizo" enojar.

(3) Recuerde que el enojo y la agresión no son lo mismo. El enojo puede expresarse asertivamente.

(4) Conózcase a sí mismo. Reconozca las actitudes, los ambientes, los hechos y los comportamientos que originan su enojo. (Si lo desea, consulte otra vez la sección anterior.)

(5) No "se programe" para enojarse. Si su temperatura se eleva por aguardar por largo tiempo en una fila lenta (en el banco o en el tráfico), busque alternativas para lograr su cometido de otro modo (banca por correo, otra ruta hacia su trabajo, dedique ese tiempo a resolver problemas).

(6) Aprenda a relajarse. Desarrolle habilidades de relajación y aprenda a aplicarlas cuando sienta venir su enojo. Tal vez quiera ir un poco más allá "desensibilizándose" a algunas de las situaciones que le provocan enojo (vea el capítulo 10).

(7) Desarrolle varias estrategias para manejar su enojo, incluyendo relajación, esfuerzo físico, declaraciones de "vacuna" contra el estrés, firmeza interior y otros procedimientos que mencionamos

en la lista al final de este capítulo. Enfoque su atención en metas de relación y métodos asertivos.

(8) Desarrolle y practique métodos asertivos para expresar su enojo, siguiendo los principios descritos en este libro: sea espontáneo, no guarde resentimiento, exprese su enojo directamente, evite sarcasmos e insinuaciones, use un lenguaje expresivo y honesto, evite el insulto, la humillación, los ataques físicos, la hostilidad y la manipulación. Algunas de las expresiones verbales de más utilidad son:

- "¡Estoy sumamente enojado!"
- "Me estoy enfureciendo..."
- "Estoy absolutamente en desacuerdo..."
- "Me molesta extremadamente que digas eso."
- "Me siento mal por lo que está pasando."
- "Deja de molestarme."
- "¡No es justo!"
- "¡No lo hagas!"
- "!Eso en verdad me enfurece!"
- "No tienes ningún derecho de hacer eso."
- "Esto no me gusta nada."
- "¡Estoy furioso y no toleraré esto por más tiempo!"

(9) Desarrolle y practique métodos asertivos de resolver su enojo. Asuma la responsabilidad de sus propios sentimientos y actitudes. Aplique estrategias para resolver conflictos (de esto se hablará más adelante). Aprenda a escuchar sin defenderse. Tome conciencia de las actitudes de su parte que puedan haber iniciado su reacción violenta. Sea específico. Busque soluciones, no culpables.

Dedique algún tiempo a meditar sobre el papel que la ira tiene en su vida. Anote en su bitácora algunas cosas que le enfurezcan y qué le gustaría hacer al respecto. Después lea en la siguiente sección nuestras ideas para controlar su enojo.

Cuando sea usted presa del enojo:

(10) Emplee las estrategias para combatir el enojo mencionadas en el punto (7) de este capítulo, así como las que se mencionan al final del mismo.

(11) Dedique unos momentos a meditar si la situación amerita el tiempo y la energía que le dedica y las posibles consecuencias de expresarse.

Si decide hacer algo al respecto:

(12) Exprese su ira verbal pero asertivamente.

(13) Dedique más tiempo a considerar si desea solucionar la situación con la otra persona o prefiere resolverla por sí mismo.

(14) Asigne un horario para resolver su problema. Si lo puede hacer espontáneamente, hágalo; de no ser así, programe el momento (con la otra persona o consigo mismo) para enfrentar el problema. (Consulte también el punto 19.)

(15) Comunique sus sentimientos en forma directa, con gestos adecuados (una sonrisa no es apropiada si está usted iracundo).

(16) Acepte la responsabilidad por sus sentimientos (consulte el punto 2).

(17) Concéntrese en lo específico y en la situación presente. Evite generalizar sobre la historia completa de su relación con la otra persona.

Siempre:

(18) Trabaje por lograr la resolución de sus problemas, no por el triunfo.

(19) Mantenga su espíritu tranquilo. Trate de arreglar sus problemas en el momento en que surjan, no después de horas, días o semanas de pensar en ellos. Cuando no pueda darles solución inmediata, asigne un momento específico para hacerlo.

¡Vamos, enójese! Pero hágalo en forma asertiva y positiva. Las personas a su alrededor, y usted mismo, se lo agradecerán.

Cuando somos blanco de la ira de otros

Usted ya sabe controlar su propio enojo. Sin embargo, de acuerdo con los alumnos de asertividad, una de las necesidades más importantes es contar con métodos para enfrentar el enojo de otros. ¿Qué puede hacer cuando alguien sumamente iracundo dirige su hostilidad hacia usted? Siga estos pasos:

* Permita que la otra persona exprese sus sentimientos.
* Al principio, reaccione aceptando los hechos ("Es obvio que estás molesto por esto...").
* Respire profundo y trate de mantener la calma.
* Ofrezca discutir la solución después, cuando la otra persona haya tenido oportunidad de calmarse ("Creo que ambos necesitamos reflexionar sobre esto. Me gustaría discutirlo... dentro de una hora... mañana... la semana entrante...").
* Respire profundamente otra vez.
* Establezca una hora y día específicos para tratar el problema.
* Recuerde que una solución inmediata es improbable.
* Cuando discuta de nuevo el problema, siga las estrategias para solucionar conflictos que se presentan a continuación.

Solución constructiva de los conflictos y el enojo

¿Cuál es la mejor manera de resolver una situación conflictiva entre personas o grupos antagonistas? La mayoría de los principios son paralelos a los métodos de capacitación en asertividad presentados en este libro y muchos coinciden con lo ya recomendado para manejar nuestro enojo.

Un conflicto se puede resolver más fácilmente cuando ambas partes:

...actúan con honestidad y en forma directa.

...están dispuestas a enfrentar el problema abiertamente en lugar de evitarlo u ocultarlo.

...evitan ataques personales y se apegan únicamente a los problemas.

...ponen énfasis en los puntos en los que están de acuerdo como base para discutir aquellos en los que no lo estén.

...emplean un estilo "de repetición" para asegurarse de que ambos entienden lo que el otro quiso decir ("Permíteme ver si entiendo correctamente. ¿Quieres decir que...?").

...aceptan la responsabilidad de sus propios sentimientos (Correcto: "¡Estoy furioso!" Incorrecto: "¡Tú me hiciste enojar!").

...evitan una posición de "perder o ganar". La actitud de "Yo ganaré, tú perderás" seguramente hará que ambos pierdan. Si somos lo suficientemente flexibles, ambos podemos ganar, por lo menos en parte.

...tienen la misma información. Dado que las maneras de percibir una situación suelen diferir tanto, es mejor asegurarse de que todo sea explícito.

...desarrollan metas básicamente compatibles. Si ambos prefieren conservar la relación que ganar, tendrán más oportunidades de solucionar el conflicto.

...aclaran sus verdaderas necesidades en la situación. Probablemente no necesite "ganar" en la discusión sino obtener un resultado específico (que la otra persona cambie su actitud, más presupuesto) sin perder su autoestima.

...buscan soluciones y no culpables.

...acuerdan algún tipo de negociación o intercambio. Si uno de los dos cede en algunos puntos, es probable que el otro también lo haga.

...concuerdan en una situación mutuamente aceptable, o simplemente, en estar en desacuerdo.

Cuando existen fuertes sentimientos de enojo en una situación, muchas personas temen mostrar lo que sienten, tal vez porque desde niños han sido condicionados a creer que enojarse es malo. Si reconocemos su verdadero valor, permitiendo que se exprese de un modo natural, no destructivo y trabajamos en la solución del problema, crearemos las condiciones apropiadas para una solución constructiva del conflicto y una relación más saludable y satisfactoria.

TÉCNICAS EFICACES PARA ENFRENTAR NUESTRO ENOJO

- Elabore un diario para anotar las situaciones que le hacen enojar.
- Redacte un contrato de auto-control que incluya soluciones y promesas para sí mismo.
- Aprenda formas alternas de comportarse cuando esté enojado.
- Aprenda a ignorar o atraer provocaciones.
- Desarrolle sistemas de alerta:
  Familiarícese con sus propios "detonadores".
  Aprenda a conocer sus "sentimientos" corporales.
- Cuente hasta diez para retrasar su respuesta.
- Desarrolle una respuesta de relajación cuando sienta que empieza a irritarse o enojarse.
- Concéntrese en lo que tiene que hacer y en sus objetivos.
- Abandone la situación irritante.
- Convénzase de que la ira no solucionará el conflicto.
- Exagere sus sentimientos hostiles hasta el ridículo; después, ríase de sí mismo.
- Trate de encontrar algo de humor en la situación.
- Desarrolle modos relajados y amistosos de responder en situaciones potenciales de irritación u hostilidad de parte de otros.
- Documéntese más sobre formas de encarar sentimientos hostiles, especialmente en la historia, la literatura de calidad y la filosofía antigua.
- Aprenda técnicas de "vacunación anti-estrés".
- Desarrolle un sistema de creencias racionales y deshágase de ideas ilógicas como "la vida debería ser más justa".
- Aprenda a expresar su ira con asertividad.

15

¿ES NECESARIO SOPORTAR LAS CRÍTICAS?

"Aquel que se respeta a sí mismo está a salvo de los demás; viste una cota de malla que nadie puede traspasar".

Henry Wadsworth Longfellow

¿Recuerda aquellas veces en que se sintió empequeñecido por alguien? El sentimiento puede haber sido provocado por una mirada, una expresión o un mal gesto. Tal vez lo que alguien dijo le produjo una sensación de falta de valor personal.

En situaciones como esa, se siente usted confundido. En lugar de experimentar confianza en sí mismo, empieza a dudar y la depresión hace presa de usted. Es fácil que este tipo de humillaciones persistan en nuestra mente por años.

Usted puede pensar: "Claro que existen muchos desaires. ¡Es porque hay tanto qué criticar!" Tal vez. Las personas sí critican nuestra presentación, nuestra ropa, el estilo de vida, los ademanes, la forma de hablar, el desempeño en el trabajo. Es muy fácil inventar formas de hacerles saber a otros que algo anda mal con ellos.

El problema se agranda cuando a raíz de una crítica negativa comenzamos automáticamente a encontrar más y más defectos en nuestra personalidad. Si estuviera usted comiendo solo en el bosque y accidentalmente tirara su emparedado, ¿qué haría? Es probable que algún comentario cáustico sobre su falta de cuidado se dejara escuchar entre los árboles, o por lo menos, dentro de su propia mente. Tenemos la tendencia de reforzar críticas ajenas con las nuestras propias.

Analicemos estas diferentes conductas críticas y lo que podemos hacer al respecto: la crítica verbal directa, la crítica verbal indirecta, la crítica no verbal y la autocrítica.

La crítica verbal directa

Este tipo de comportamiento es obvio: otra persona está literalmente "atacándole". Imagínese, por ejemplo, que acaba de salir de un elevador y accidentalmente golpea usted a alguien. La persona responde inmediatamente de manera hostil: "¡Diablos! ¡Por qué no se fija! ¡Imbécil! ¡Pudo haberme lastimado!". El propósito de tales palabras es claro. ¿Cómo debe usted responder ante esta reacción exagerada a un simple accidente? Ciertamente no hay necesidad de adivinar el significado de la reacción.

He aquí algunos pasos que hemos encontrado útiles para enfrentar un ataque verbal directo:

- Dé tiempo a la persona de calmarse y expresar sus sentimientos.
- Reconozca su error aun cuando haya sido insultado.
- Reconozca los sentimientos del otro.
- Tenga confianza en sí mismo a pesar de la reacción.
- Lleve el incidente a su fin con un comentario breve.

Estos pasos le ayudarán a resolver una situación humillante con propósito obvio.

En el incidente del elevador, podría usted primero dejar que la persona se desahogue hasta que sus sentimientos hostiles pierdan fuerza. Cuando esto ocurra, puede usted decir, "Discúlpeme por haberle golpeado; fue un accidente. Obviamente, está usted molesto, pero me disgusta que me insulten o me griten. Puedo entender su irritación sin necesidad de eso". Éste es sólo un ejemplo de una manera de aplicar los pasos que le sugerimos.

La crítica verbal indirecta

Imagine el siguiente comentario de su jefe: "Qué buen trabajo hizo usted en el proyecto que entregó ayer. Sus errores gramaticales le dieron un estilo bastante informal". O quizá su esposa haya comentado alguna vez: "Me encanta cómo te ves cuando te pones ese traje; la ropa vieja va con tu personalidad". En semejante situación, ¿responde usted hostilmente? ¿se siente confundido? ¿Cuáles son los significados reales de estas aseveraciones?

Tales críticas indirectas son en realidad agresión indirecta. En su libro, *The Assertive Woman* (La mujer asertiva), Stanlee Phelps y Nancy Austin describen el comportamiento agresivo indirecto: "...para lograr su objetivo, la mujer puede usar trampas, seducción o manipulación". Nos hacen notar que la reacción a esto puede ser la confusión, la frustración y la sensación de ser manipulado. El comportamiento agresivo indirecto se manifiesta como un ataque velado. Phelps y Austin califican a la persona que se comporta de esta manera como "un lobo con piel de oveja".

La forma de manejar un ataque verbal indirecto es requerir mayor información. En cualquiera de las situaciones descritas antes, podría usted responder: "¿De qué estás hablando?" o "¿Qué quieres decir?". Respuestas de este tipo tienden a aclarar la verdadera intención de la persona (tal vez usted malentendió).

Su segunda reacción depende de la respuesta que reciba. Sin embargo, parte de su objetivo es enseñarle a la otra persona a comportarse de diferente manera con usted. Si su jefe le responde: "En verdad creo que hizo usted un buen trabajo", quizá quiera decirle de todas formas: "Gracias. Me sentí un poco confuso. Si en verdad le preocupan mis errores gramaticales, espero me lo diga usted con franqueza. No entendí si realmente piensa que el proyecto es bueno o malo". Así intentará enseñar a su jefe a ser más directo y claro con usted.

En una relación matrimonial, algunas bromas bien intencionadas pueden ser divertidas; sin embargo, muchas veces esconden sentimientos hostiles. Su pareja puede haber estado bromeando, pero hay formas más directas y menos destructivas de hacerlo.

¿Qué pasaría si no estuvieran bromeando? Y, ¿qué haría si su jefe respondiera aun más agresivamente? Cualquier ataque verbal indirecto puede fácilmente convertirse en uno directo. Después de pedirle a la otra persona que aclare la situación, la siguiente respuesta puede ser aun peor. Le sugerimos que continúe actuando asertivamente y siga los pasos que le presentamos anteriormente para la crítica verbal directa. Prepárese para seguir actuando con asertividad si la respuesta es otro ataque.

Por otra parte, cuando pida usted una aclaración de la situación, es posible que reciba alguna información de valor sobre su propio comportamiento. Recuerde que uno de los objetivos más importantes del comportamiento asertivo es que ambas personas puedan expresarse abierta y honestamente. Para la mayoría de nosotros, es difícil dar retroinformación directa sobre el tipo de comportamiento que nos molesta en otras personas. Ésta es la razón por la cual preferimos disfrazar nuestros comentarios en forma de crítica indirecta. Ir más a fondo le puede ayudar a mejorar su relacion con esa persona en el futuro.

Crítica no verbal

"Palos y piedras pueden herirme, mas las palabras se las lleva el viento" es algo que responden los niños con frecuencia cuando alguien los insulta. Desafortunadamente, no se ha inventado una respuesta para aquellos que nos agreden sin palabras. ¿Cuál es la mejor forma de responder a un gesto obsceno o a una mirada de disgusto? ¿Cómo enfrentar un ceño fruncido, una boca arrugada con desaprobación o una sonrisa sarcástica si la persona no usa palabras que le ayuden a verificar su intención real?

La hostilidad no verbal es más difícil de manejar porque, en primer lugar, no hay palabras de por medio y la persona puede incluso no estar consciente de la crítica. Además, en ocasiones no es posible estar seguros de si interpretamos correctamente el mensaje no verbal.

Si alguien le lanza una crítica no verbal obviamente agresiva, trate de hacer que utilice palabras y no sólo gestos. Una posible respuesta asertiva es: "¿Podría usted poner esa mirada (o gesto) en palabras, por favor? Me es difícil saber lo que piensa a menos que me lo diga directamente". En ese momento, prepárese a recibir un ataque verbal directo y responda de acuerdo con las sugerencias que le dimos.

La crítica no verbal no asertiva es la menos directa de todas. No es probable que malentendamos el mensaje cuando alguien nos amenaza con el puño cerrado; sin embargo, si pedimos algo a alguien que evita nuestra mirada o sonríe sin razón, la intención no será tan obvia. Existe la posibilidad de que la persona que se comporta de tal manera lo haga simplemente por hábito, automáticamente. Todos tenemos ademanes que sustituyen las palabras. Aunque no es posible eliminar todos los mensajes corporales, creemos que lo mejor es describirlos con palabras cuando exista la probabilidad de que se malinterpreten.

Imagine que está usted a punto de pagar por algo que compró, cuando el cajero lo mira, hace un gesto y suspira de manera irritada. Bien puede usted ignorar el hecho como algo no personal o simplemente pensar que el cajero ha tenido un mal día. Pero, si el incidente le molesta, ¿por qué no enfrentarlo directamente? Pida a la persona que se explique: "No entendí el significado de su expresión" o "No estoy seguro de lo que quiere decir con ese gesto" o "¿Hice algo que le molestó?". Esto saca a la luz el mensaje no verbal y lo ventila.

Si ha hecho algo que molestó a la otra persona, tiene usted el derecho de saberlo. Su próxima respuesta dependerá de lo que pase entonces pero creemos que es buena idea señalar que es difícil interpretar tales mensajes no verbales.

Autocrítica

Los conflictos externos, como el ilustrado anteriormente, representan sólo la mitad del cuadro: los conflictos internos pueden también provocar críticas. El ofensor en este caso es usted mismo. La humillación puede ser generada por conflictos externos o internos. La solución es la misma: sea asertivo.

Es posible actuar en forma no asertiva o agresiva no sólo con otros sino con nosotros mismos. Ponga atención a cómo se comporta usted en su interior; no trate de escapar (falta de asertividad), ni ignore sus autocríticas destructivas. No sea demasiado duro con usted mismo (agresividad) ni condene sus propios sentimientos y pensamientos. No vaya a los extremos: enfréntese a usted mismo asertivamente. Sea sincero, abierto y directo para consigo mismo. No condene ni trate de escapar de la crítica y la agresión de otros o de la suya propia.

Resumen

A nadie le gusta el conflicto generado por la crítica y la agresión. Exigiendo una aclaración abierta y directa de la otra persona, o de nosotros mismos, generalmente podremos resolver la discordia.

En verdad requiere un esfuerzo no sentirnos heridos y alejarnos o responder violentamente. Los beneficios de una comunicación honesta bien valen nuestros esfuerzos.

Las molestias que nos causan los desprecios o la crítica se pueden eliminar si damos un paso asertivo al frente. Persista en aclarar la situación con la otra persona o consigo mismo y obtenga los beneficios de ventilar y expresar sus sentimientos, de enterarse de nueva información sobre su comportamiento y sus relaciones y de resolver el conflicto real o imaginario.

16

LA ASERTIVIDAD EN EL TRABAJO

"Las labores que enriquecen nuestra experiencia son las que valen la pena, no las que únicamente nos envejecen."

León Batista Alberti (1503)

Actuar con asertividad en el trabajo puede ser especialmente difícil. El temor a represalias de supervisores o compañeros, o incluso de perder el empleo, son grandes obstáculos para muchos.

Existen, sin embargo, incontables maneras de expresarse asertivamente en el trabajo. En este capítulo, estudiaremos varias de ellas, incluyendo algunos ejemplos para mostrarle cómo un comportamiento asertivo puede resultarle positivo.

Empecemos con algunas ideas generales sobre cómo practicar la asertividad en el trabajo:

- Elimine la actitud de aplazamiento actuando asertivamente.
- Mejore su capacidad de tomar decisiones actuando asertivamente.
- Negocie con más eficacia actuando asertivamente.
- Trate con asertividad a clientes, jefes o compañeros de trabajo enojados y a otras personas difíciles.

- Aprenda a decir "no" para evitar perder el control de su vida. (La mayoría de las empresas toman todo lo que usted les da y siempre esperan más. Si sus compañeros saben que usted también puede decir "no", no se sentirán renuentes a pedirle favores porque saben que no se estarán "imponiendo".)
- Sea persistente: plante una semilla y cuídela.
- Sea paciente. La asertividad logra sus objetivos poco a poco.
- No dude en hablar sobre asuntos de seguridad y salud en el trabajo. Tal vez arriesgue su empleo pero es mejor que arriesgar una pierna o la vida.
- Mejore su administración del tiempo controlando más sus acciones y su agenda.
- Fije objetivos de trabajo con asertividad. Es más probable alcanzar metas realistas establecidas con asertividad. Obviamente, existen personas que tratarán de impedir que usted exprese abiertamente sus sentimientos (¡nada nuevo!). Estos obstáculos pueden asumir la forma de manipulación (ignórelos), peticiones irracionales (simplemente haga alusión a su irracionalidad) y peticiones razonables (que tal vez usted no pueda manejar y así tendrá que expresarlo).

Algunas veces, la ansiedad que sentimos por nuestra actuación en el trabajo se convierte en un problema. Vencer la ansiedad fue la razón original del entrenamiento en asertividad y es todavía una aplicación importante en el proceso. Las presentaciones públicas son, por ejemplo, el temor número uno, según varios informes. Esta clase de temor puede ser "desensibilizado" si damos pasos graduales para expresarnos ante otros, comenzando con uno o dos amigos y continuando hasta llegar a un grupo grande de compañeros o extraños.

La negociación y la solución de problemas y conflictos en el trabajo pueden lograrse creando un ambiente que permita y fomente el desacuerdo constructivo. Al expresar diferentes ideas, se hace posible lograr arreglos basados en los puntos fuertes y las aportaciones de todos. Las soluciones producto de la lluvia de ideas suelen tener éxito pues se fomenta la creatividad dejando que las ideas fluyan sin censura ni crítica.

Lo que resta de este capítulo está escrito con una secuencia natural, desde el proceso de elegir una carrera, obtener un empleo, trabajar en armonía con otros, hasta llegar a ser supervisor. El capítulo concluye con algunas preguntas acerca de sus prioridades y un "popurrí" de situaciones laborales para su práctica de asertividad. Quizá le sea útil leer todo el material o, si lo prefiere, lea directamente aquellos aspectos de la asertividad en el trabajo específicos para sus intereses y necesidades.

Búsqueda de empleo

Cuando nosotros nos graduamos (en "los viejos tiempos"), los trabajos para quien hubiera estudiado la universidad abundaban. La situación ha cambiado bastante; ahora es muy difícil encontrar empleo en muchos campos, con o sin diploma.

Buscar empleo puede ser un "trabajo de tiempo completo". Demasiadas personas esperan que con unas cuantas solicitudes, unas cuantas llamadas, una o dos entrevistas, aparezca el trabajo de sus "sueños". Desgraciadamente, esto es un *sueño*. Para encontrar empleo tenemos que trabajar y la asertividad puede ser uno de los más útiles instrumentos.

Richard Nelson Bolles, en su popular libro *What Color Is Your Parachute?* (¿De qué color es tu paracaídas?), nos presenta un plan muy completo para "Personas en busca de empleo y personas que cambian de carrera". Sus consejos son bastante buenos y aplica los conceptos de asertividad a groso modo. Las ideas innovativas y prácticas de Bolles le ayudarán a entender sus deseos y necesidades profesionales, a buscar oportunidades, hacer buenos contactos, llevar a cabo entrevistas y obtener el trabajo que usted desea.

Entre las recomendaciones que Bolles nos da para obtener un trabajo asertivamente se encuentran:

- Planee su carrera y su búsqueda de empleo con una meta clara: decida qué desea hacer, dónde y para quién.
- Busque actividades que disfrute; así lo hará con más entusiasmo, las realizará mejor y le darán más satisfacciones.
- Demande el mayor grado de capacidad que pueda desempeñar. Así tendrá más probabilidades de encontrar un trabajo hecho a su medida.
- Encuentre y conozca a la persona para quien le gustaría trabajar; asegúrese de mostrar a quien tenga el poder para contratarlo cómo puede usted ayudar a satisfacer las necesidades de la organización.

Entrevista:

Aunque usted haya creado su propio empleo, siguiendo las recomendaciones de Bolles, es muy probable que necesite sostener algunas entrevistas tradicionales como parte del proceso.

Finalmente, se le ha ofrecido la oportunidad de conocer a su posible patrón y hablar sobre un empleo. Ha trabajado duro para esta oportunidad y realmente desea decirle lo que usted sabe hacer. También se siente bastante ansioso; después de todo, el empleo depende en gran parte de la forma en que usted se desenvuelva en esa entrevista.

La asertividad le puede ayudar. Le sugerimos actuar con naturalidad.

Antes de la entrevista:

...Siga los principios descritos en este libro para desarrollar su asertividad.

...Prepárese a luchar contra la ansiedad practicando la relajación y la reestructuración cognoscitiva (capítulos 9 y 10).

...Anote y memorice tres o cuatro cualidades clave que quiera resaltar ante el entrevistador. Asegúrese de relacionarlas específicamente con el empleo en cuestión.

...Practique la entrevista con un amigo o un consejero; de ser posible, use una cámara de video. Estudie el film y aprenda de él para hacerlo aun mejor.

Durante la entrevista:
...Diríjase hacia el entrevistador con un estilo amistoso, pero no artificial.

...Recuerde que la mayoría de las compañías prefieren contratar a una persona con fuertes deseos de trabajar y contribuir a la empresa, que a una "estrella" que trate de opacar a los demás empleados.

...Intente relajarse, disfrute la entrevista y dése a conocer.

...Permita que su entrevistador se dé cuenta de que usted se ha preparado para la entrevista e incluso investigó algo acerca de la compañía.

...Pregunte cosas interesantes sobre el ambiente de trabajo, el personal, oportunidades de crecimiento, expectativas del patrón.

...Evite hacer preguntas obvias cuyas respuestas debería conocer de haberse preparado (el ramo de la compañía, detalles sobre prestaciones, retiro...).

...Asegúrese de dejar al entrevistador una "muestra" de su trabajo o cualquier otra cosa que le haga recordarlo.

Después de la entrevista:
...Deje una nota a la persona que lo entrevistó agradeciendo su tiempo, llamando su atención a cierta información respecto a usted y mencionando algunos detalles que no se trataron durante la entrevista.

...Dedique algún tiempo al análisis y la autocrítica de su actuación. Esto le ayudará a mejorar en la siguiente ocasión.

...Siga contactando a otras personas y continúe las entrevistas hasta que obtenga el trabajo que desea.

¿Puede el novato ser asertivo?

Cuando obtenga su nuevo trabajo, es importante que empiece "escuchando". Necesitará investigar cuanto pueda sobre el reglamento de trabajo, las actitudes y puntos de vista de sus supervisores y colegas, los factores de seguridad en el trabajo, lo que se espera de su puesto y su posición en la jerarquía de la empresa, etcétera.

Sin embargo, "escuchar" únicamente no será suficiente para obtener toda la información necesaria. Conforme vaya familiarizándose es importante que haga preguntas y ¡es ahí donde la asertividad aparece otra vez!

Recuerde mantener el equilibrio. Usted desea dar la impresión de estar interesado en el trabajo y también mostrar a los demás que es una persona cuidadosa. Sin embargo, no quiere ser una constante molestia, solicitando más y más información que tal vez no sea relevante en su trabajo.

Le sugerimos los siguientes pasos:

...Pregunte a su supervisor y a sus compañeros lo que necesite saber para desempeñar un buen trabajo.

...No haga preguntas con demasiada rapidez, pues quizá la información le sea dada cuando se toque el tema.

...Tome nota de otras cosas que se le ocurran y pregunte cuando se presente la oportunidad.

...Pregunte a su jefe cuándo prefiere responder a sus preguntas: ¿de inmediato, en juntas... cuándo exactamente?

...Haga su "tarea". No espere que su jefe o sus compañeros solucionen las fallas de su propia preparación para el trabajo (a menos que esté aún en algún curso de entrenamiento).

...Cuando pregunte algo, hágalo con asertividad; no le dé vueltas al asunto, no adopte una actitud defensiva ("Tal vez es una pregunta tonta..."), trate de ser específico, establezca buen contacto visual, use buen tono de voz, elija una buena oportunidad.

...Evite sugerir cambios hasta que esté familiarizado con el trabajo.

...A menos que le pregunten, evite la tentación de comentar cómo desempeñaba el mismo trabajo en otra compañía. Es mejor que piensen que la diferencia de método es idea suya.

Relaciones en el trabajo

Llevar una buena relación con las personas en el trabajo es esencialmente un proceso de adaptación al grupo. En el hogar, la familia no tiene otra opción que aceptarlo. En la escuela, a pesar de que lograr la aceptación de sus compañeros pueda ser problemático, es usted quien no tiene alternativa: debe permanecer ahí.

El trabajo, para la mayoría de nosotros, ofrece algunas alternativas. A diferencia de los lazos familiares o escolares, es posible renunciar a él, aunque el precio pueda ser muy alto. Llevarse bien con el grupo de trabajo es cuestión de decidir ganarse un lugar; esto significa que debe usted establecer una relación de respeto mutuo con sus compañeros.

Las siguientes sugerencias pueden ser de utilidad.

...Sea honesto, evite juegos impropios en el trabajo.

...Cuente hasta diez antes de expresar enojo (vea el capítulo 14).

...Escuche lo que otros tienen que decir, aun cuando no esté de acuerdo.

...Pregúntese: "¿Cómo me sentiría yo en su lugar?"

...Exprese sus opiniones, pero recuerde que son sólo opiniones, no la Biblia.

...Medite lo siguiente: ¿es más importante ser la "estrella" o desempeñar bien el trabajo?

...Actúe con asertividad cuando sea necesario.

...Acepte la responsabilidad por sus errores y el crédito por sus aciertos.

A continuación, dos situaciones de práctica para su consideración:

...Una compañera de trabajo ha estado llevándose a casa provisiones de la compañía. Ella sabe que usted está enterado, pero espera que no lo comente con nadie.

...A la muchacha del escritorio de al lado le encanta la goma de mascar. El ruido que hace le molesta y le distrae.

Relaciones con supervisores

Algunos jefes actúan como si hubieran sido más felices en tiempos pasados, cuando los empleados eran virtualmente esclavos. Sin embargo, en su mayor parte, el sitio de trabajo se ha civilizado, incluso humanizado. Los supervisores modernos supervisan, pero generalmente lo hacen usando costumbres y reglas modernas y su propio sentido común al tratar a los empleados con respeto.

Aun así, existen situaciones inevitables en las que es necesario, como empleado, expresar una idea, una opinión u objeción con firmeza, enfrentando la oposición del supervisor.

No caiga en la trampa de deprimirse cada vez que sea criticado en el trabajo. Usted puede equivocarse, pero la forma de resolver la situación es corregir el problema y no culparse. Ayude a su jefe a hacer críticas específicas, para poder realizar los ajustes necesarios para mejorar.

Los esfuerzos asertivos para aclarar las expectativas y las críticas de su jefe le ayudarán a "despejar el ambiente" y le permitirán ser más eficaz. Si en lugar de esto, usted actúa como "víctima" murmurando para sí o devolviendo el golpe, no logrará progreso alguno y es probable que se haga de un enemigo muy poderoso.

Trate de identificar patrones en las críticas de su jefe. Si cree que ha descubierto alguno, pregunte asertivamente si eso es lo que él quiere ("Prefiere que le presente toda la información de apoyo con mis recomendaciones, ¿verdad?"). Si usted aclara cualquier posible malentendido en forma directa, ahorrará tiempo y evitará críticas similares en el futuro.

Actuar en el momento apropiado puede ser el más importante componente de su asertividad en el trabajo, especialmente con su jefe. Si usted confronta a un supervisor frente a otras personas o cuando está preocupado por otros problemas, es muy improbable que tenga éxito en comunicarle lo que desea. Más bien, planee y programe darle su retroinformación cuando estén a solas y relativamente sin interrupciones.

A continuación le damos algunos ejemplos de situaciones con supervisores para que usted practique:

...Desea darle una sugerencia innovadora para simplificar un proceso rutinario.

...Su jefe demanda que usted dedique más tiempo a su trabajo sin ofrecerle compensaciones adicionales.

...Es blanco de críticas injustas por la calidad de su trabajo.

...Usted sabe más de este asunto que su jefa, sin embargo, ella quiere que lo haga a su modo.

...Su jefe le pide que haga trabajos que usted cree son responsabilidad de él.

...Su jefe espera que usted prepare cuentas de gastos "falsas".

...Quince minutos antes de la hora de la salida, le piden que se quede a preparar un informe para la junta de la mesa directiva el día de mañana. Usted tiene planes.

Cómo supervisar de un modo asertivo

¡Lo ha logrado! Ha usado su asertividad en una forma tan eficaz y ha trabajado tan bien que le han dado un ascenso. Ahora usted es el jefe. Nuevas responsabilidades, nuevas oportunidades y... nuevos dolores de cabeza.

¿Cómo podemos aplicar los principios de la asertividad en un puesto de superior jerarquía? ¿Puede lograr que el trabajo se haga, tratar a su personal con respeto y ejercer autoridad, al mismo tiempo?

Existen muchas teorías administrativas y cientos de ideas acerca de cómo supervisar a otras personas. Aunque éste no es el momento para un estudio exhaustivo, los pasos siguientes mezclan nuestro concepto de asertividad con algunas de las mejores:

...Establezca su estilo gerencial asertivo basándose en las relaciones positivas de trabajo ya descritas en este capítulo: honestidad, responsabilidad, cooperación, trabajo de equipo y respeto mutuo.

...Escuche y preste atención a lo que sus empleados le digan.

...Súbase los puños de la camisa y trabaje con su personal.

...Conviva con sus empleados, entérese de lo que necesitan por sí mismo.

...Recuerde: todos somos iguales como seres humanos.

...Asegúrese de que sus instrucciones sean claras y directas.

...Acepte las responsabilidades de liderazgo, incluyendo la toma de decisiones.

...Al criticar algo, hágalo justamente, concentrándose en la actuación, no en la persona.

...Al elogiar algo, concéntrese también en la actuación, no en la persona.

...Considere lo siguiente: un gerente debe dirigir a su personal y apoyarlo también.

...Incluya los siguientes recursos en su "caja de herramientas" de supervisión: capacidades de formación de equipo, comunicación clara de sus expectativas, habilidades para motivar a sus empleados, fomento de la asertividad en su personal.

A continuación presentamos algunas situaciones para práctica y para auxiliarlo a mantener las cosas en perspectiva:

...Uno de sus empleados ha hecho una proposición interesante para un nuevo procedimiento de trabajo. Usted piensa que el director general probablemente no la apruebe por su alto costo inicial.

...Un supervisor de otro departamento le pide prestadas algunas herramientas. Las reglas de la compañía lo prohiben.

...Como supervisor de primera línea tiene que confrontar a un empleado joven, quien se rehusa a seguir sus indicaciones.

...Uno de sus empleados no está desempeñando su trabajo de acuerdo con sus expectativas. Usted desea mejorar su actuación.

...La semana entrante debe entregar los informes sobre el desempeño de su personal. Usted tiene que evaluar a dos empleados cuyo trabajo ha tenido varias fallas.

...Como nuevo supervisor en una planta de ensamble, usted es responsable por el trabajo de varios hombres que por su edad podrían ser su padre. Por lo menos uno de ellos cree que él conoce su trabajo mejor que usted y se niega a aceptar su autoridad.

...Un empleado antiguo de su departamento ha llegado tarde casi todos los días esta semana, sin explicación alguna.

...Usted sabe que uno de sus empleados es alcohólico, pero él no lo reconoce, ni intenta buscar un tratamiento.

Mantenga firmes sus prioridades

El trabajo puede ser realmente seductor. Si usted disfruta lo que hace y lo hace bien, probablemente tenga frecuentes aumentos de salario y responsabilidades. Como resultado, se sentirá motivado a hacer más y el ciclo continuará.

Si usted se involucra de este modo en su trabajo, esto causará estragos en su vida personal. Usted cada vez más llevará trabajo al hogar, trabajará hasta tarde, irá a la oficina los fines de semana, saldrá en viajes de negocios. El resultado obvio es muy poco tiempo para usted y su familia.

¿Puede ser asertivo consigo mismo? ¿Puede elegir sacrificar oportunidades profesionales por estar con su familia? ¿Cuáles son sus prioridades? Es fácil decir, "Mi familia es primero"; lo difícil es actuar en forma congruente.

Otras personas no se conforman con menos que "tenerlo todo". Carrera, familia, comunidad, tiempo para ellos mismos; todos son malabareados, al menos por un tiempo. El "estrés" del mundo en que vivimos casi nunca nos permite mantener ese precario equilibrio por mucho tiempo.

Ser asertivo con uno mismo significa aclarar nuestras prioridades personales, reconocer que no podemos hacer todo (por lo menos no siempre), elegir apropiadamente y decir "no" cuando hayamos alcanzado nuestro límite. Tenga siempre en cuenta sus propias metas (consulte el capítulo 8 y su bitácora si es necesario).

Pruébese a sí mismo con algunas situaciones relacionadas. ¿Qué es realmente importante para usted?

...Le han ofrecido un importante ascenso en la compañía donde trabaja. En realidad, ha pensado en renunciar, pero el trabajo que desea afuera no está disponible aún.

...Ha dedicado casi todo su tiempo a trabajar en informes. Su familia empieza a quejarse de que usted no les presta suficiente atención. Usted cree que tendrá un ascenso importante si continúa trabajando como hasta ahora.

...Usted quiere continuar una carrera exitosa, pero sabe que para poder ascender otro peldaño tendría que tomar cursos adicionales, tal vez una maestría. Esto significaría posponer los planes de tener los hijos que usted y su esposo tanto desean.

Más situaciones laborales para practicar

Use el proceso "paso a paso" del capítulo 12 como una guía para fortalecer sus habilidades y practique con las siguientes situaciones.

...Repentinamente, su jefe se pone serio con usted sin explicación alguna. Usted desea preguntarle qué sucede.

...A pesar de que usted tiene más antigüedad que nadie en su departamento, trabaja medio tiempo. No obstante, usualmente le piden que entrene a otros o que aclare dudas como si fuera un supervisor. A usted le pagan menos y no posee una autoridad real.

...Usted ha tenido varias entrevistas de trabajo recientemente, pero siempre actúa de una manera pasiva. Los entrevistadores parecen desilusionarse porque usted "no se vende".

...Un gerente bastante importante de otro departamento ha estado haciéndole propuestas sexuales no muy sutiles.

...Después de haber dedicado un tiempo considerable a un proyecto especial, el supervisor de su jefe inmediato critica bastante los resultados.

...Le han pedido realizar un trabajo claramente fuera de su responsabilidad y su competencia. Usted piensa que puede ser una prueba para saber qué tan bien conoce sus límites.

Aunque usted no esté trabajando en este momento, es muy probable que lo haga tarde o temprano. Medite sobre lo estudiado en este capítulo. Use su bitácora para mantener un reporte de su asertividad en el trabajo y cómo puede mejorarla. Usted será más eficaz en su trabajo, más respetado por sus colegas y supervisores y disfrutará mucho más.

17

TRATO CON PERSONAS "DIFÍCILES"

"¡No me interrumpan cuando estoy interrumpiendo!"

Winston Churchill

Usted conoce este estilo:

- Se apoya en su escritorio, lo mira fijamente y grita: "¡¿Cuanto tiempo tardarán en atenderme?!"
- Sale de la casa vecina, invade su propiedad, y vocifera: "¿Piensan ustedes limpiar su jardín algún día? El suyo es el único en la cuadra que...".
- Llama a su negocio y exige servicio inmediato, un descuento extra y un plazo más largo "... y si usted no puede ayudarme, exijo hablar con el propietario", amenaza por el auricular.
- Está ansiosa por acosarle con sus chismes en la reunión: "¿Ya supiste lo de Fernando y Rebeca? —le murmura al oído— Alejandra me dijo que los vio . . .".

¿Qué es una persona "difícil"? Cualquiera que no se comporte como se espera de ella. En la sociedad existen "normas" no escritas sobre el comportamiento apropiado: sé justo, espera tu turno, di "por favor" y "gracias", habla en un volumen apropiado. Las personas difíciles las ignoran o actúan como si estuvieran exentas de ellas, muchas veces esperando al mismo tiempo que usted reaccione como ellas lo esperan. Estas personas por lo general son ruidosas, entrometidas, descorteses, irracionales, egoístas, y . . . difíciles.

¿Qué beneficio obtienen por su comportamiento? Un participante en nuestras sesiones nos dio una de nuestras respuestas favoritas: "la galleta más grande". Generalmente, también obtienen control de la situación, se salen con la suya y se hacen notar.

¿Por qué permitimos que estos molestosos obtengan lo que quieren? Pues porque es mucho más fácil que discutir con ellos. La mayoría de nosotros no tenemos el tiempo, la capacidad, la energía, o el deseo de tratar de poner a esa gente "en su lugar". Algunas veces nos topamos con ellos en una situación de negocios, donde nuestra política es "el cliente siempre tiene la razón". (A propósito de esto, no pensamos que ésta sea una política muy inteligente. Nadie tiene siempre la razón. Un punto de vista más realista sería "el cliente es siempre el cliente" y es recomendable que se le trate bien, con justicia y rapidez). En otras ocasiones, parece que enfrentarse a tales personas únicamente nos traerá problemas y no vale la pena intentarlo. Después de todo, es muy poco probable que podamos cambiar su comportamiento. ¿Entonces, qué podemos hacer?

De hecho, existen algunas técnicas que pueden dar resultado. En este capítulo las estudiaremos.

¿Qué piensa usted?

¿Qué pensamientos pasan por su mente cuando un cliente, vecino, o compañero de trabajo "difícil" se le enfrenta?

- "Ya empieza a molestar ese..."
- "Ay, problemas otra vez..."
- "¿Qué quiere decir?"
- "Tenemos que resolver ese problema."
- "¡Déjeme salir!"

- "No hay problema, puedo controlar la situación."
- "Respira profundo..."
- "Qué situación tan embarazosa."
- "Es lo más gracioso que he escuchado este día."

Sus pensamientos son la pauta para elegir la forma en que usted manejará la situación. Reflexione sobre su reacción inicial (y lea otra vez en el capítulo 9 cómo desarrollar un patrón de pensamiento más positivo). Después, considere las siguientes opciones:

Cómo tratar con personas impertinentes

El resto de este capítulo estará dedicado a mostrarle los pasos a seguir cuando se tenga que enfrentar a alguien que lo quiera manipular agresivamente. Léalos y escoja los que más se acomoden a su estilo personal. Haga su propio plan para enfrentarse a la "gente difícil" de su vida. Lo más probable es que nunca vuelva a temerles.

1. Cambie su percepción (actitud, pensamientos...). "Todo es según el color del cristal con que se mira".

Prejuicios, actitudes, creencias, ideas preconcebidas y cualquier clase de pensamientos condicionados de antemano ejercen su influencia y determinan sus reacciones a diferentes situaciones cotidianas. Las ideas pueden referirse a la mecánica de la vida, la manera como usted vive, la forma de ser de esta persona en particular...

Por ejemplo, si cree usted que la vida es justa, que las cosas siempre suceden para bien y que la gente es esencialmente buena, usted responderá de una manera muy diferente de como lo haría si considerara que no hay justicia en la vida, que las cosas por lo general salen mal y que la gente es mala por naturaleza.

La "vacuna" contra el estrés es un procedimiento para manejar respuestas cognoscitivas que implica el desarrollo sistemático de ideas positivas que le ayuden a cambiar sus pensamientos acerca de determinadas situaciones y personas. Los ejemplos siguientes se agrupan en cuatro etapas de una situación difícil. (Consulte también el análisis de esta técnica en el capítulo 9.)

Preparación
No hay nada de qué preocuparse.
Ya he manejado situaciones difíciles.
Actuaré como acostumbro.

Confrontación
Mantén la calma y concéntrate.
Este hombre también es un ser humano.
Conozco bien mi trabajo.

Respuesta de tolerancia
Relájate, respira profundo.
Es natural sentir temor y furia.
Yo puedo controlarme.

Conclusión
Lo hice muy bien.
El problema se resolverá.
Se acabó. Ahora puedo relajarme.

2. Enfréntese a su ansiedad. "El síndrome del horror al dentista" o "Si de todos modos te van a barrenar la muela, más vale que te tranquilices y trates de disfrutarlo".

Una confrontación hostil generalmente produce descargas de adrenalina en nuestro organismo, por lo menos al principio, y eleva nuestros niveles de ansiedad. Existen varias maneras de responder:

- Escapar corriendo.
- Ponerse tenso y "congelarse".
- Relajarse y respirar profundamente.

- Desensibilizarse sistemáticamente (esto es, prepararse antes de que una situación problemática ocurra por medio de un descondicionamiento).

Recordará usted que el capítulo 10 contiene ideas útiles para enfrentarse a su ansiedad antes y durante una situación difícil.

3. Tome acción directa. "¡No me hable usted así!"

Tanto las respuestas asertivas como las agresivas entran dentro de esta categoría de acciones opcionales: enfrentarse al atacante, dejar en claro que no tolerará tal abuso, preguntar por qué está esa persona tan molesta, ordenarle que salga de su oficina, preguntarle quién cree que es, decirle que se vaya al diablo... Manejar la situación de esta manera implica enfrentarse al oponente en forma directa, hablar con voz firme, usar gestos y expresiones faciales que transmitan nuestra determinación de no ser manipulados, correr el riesgo de una posible escalada del problema...

"Cuando te comportas de esta manera, no siento deseos de hacer lo que me pides."

4. Sintonía. "Póngase a tono, afínese y responda".

Este enfoque, desarrollado por Suzette Elkin, se examinó en el capítulo 6 ("¡No supe qué decir!"). La doctora Elkin lo describe en detalle en sus libros sobre el tema *The gentle art of verbal self-defense* (El amable arte de la defensa personal verbal). La técnica de sintonía plantea ponerse a tono con nuestro oponente, reconocer su punto de vista e indicar nuestra empatía con su emoción... pero no darse por vencido. La técnica incluye:

- Coordinar nuestros sentidos (vista, olfato, oído...): "¿Ve usted lo que quiero decir?", "Lo escucho". "Eso no me gusta nada".
- Ignorar la provocación al tiempo que recomendamos el ataque.

Atacante: "Si en realidad quisiera usted hacer un buen trabajo...".

Respuesta: (ignorando el ataque) "¿Cuándo empezó a pensar que no deseo hacer un buen trabajo?".

Nuestro amigo Andrew Salter llama a esto "jugar nuestro propio juego, no el de la otra persona". El proceso es como "ir con la corriente en forma aplicada": dejar que el otro establezca el ritmo y el estilo, pero no dejarse manipular por sus deseos. Usted actúa en forma firme pero no confrontante. Tal comportamiento le ayudará a no ser un blanco apropiado de la agresión. Su objetivo es tener el control, jugar su propio juego.

5. El arte de vivir. "¿Qué tienes en la mejilla?"

Las técnicas de Stephen Potter, dirigidas a dominar el arte de vivir, incluyendo la de la "anticipación" presentan maneras de sacar de balance a nuestros antagonistas. Entre otras cosas, Potter (1978) sugiere que tomemos ventaja *antes* de ser atacados:

- "¿Pasa algo malo?" (mirando un punto en la frente de la otra persona), observando sin decir nada o pretendiendo que todo está en orden.
- "¡La pelota salió de la cancha!" (tenis)
- "Claro que tengo reservación, la garanticé con mi tarjeta de crédito."
- "Fui a comer con el gobernador la semana pasada y me sugirió..."

6. Soluciones. "No hay problema, estamos asegurados."

Su respuesta busca ignorar cualquier contenido emocional del ataque, discutir solamente los puntos esenciales y buscar la solución del problema:

- "Me doy cuenta de que necesitamos encontrar una solución a esta situación."

- "En realidad tenemos un problema. ¿Qué sugiere que hagamos para evitar una situación similar en el futuro?"
- "Revisemos la información y veamos si podemos encontrar algunas respuestas."

7. Retirada. "¡Te devuelvo tu anillo de compromiso!"
Esta táctica implica decir algo simple y directo como: "Estoy dispuesto a discutir esto en otra ocasión, cuando usted no esté tan molesto", o no decir nada y simplemente retirarse.

Algunas veces no vale la pena gastar tanta energía tratando de resolver el problema en ese momento. Esto es especialmente cierto cuando el contrincante es racional pero se comporta en forma totalmente irracional (pero no si es violento).

8. Humor. "...y el mundo reirá contigo."
El sentido del humor es apropiado en casi cualquier situación. Funciona mejor, claro está, si es usted humorista por naturaleza y se le facilita inventar frases cómicas para disipar la furia o el ataque de su adversario. Sin embargo, cuídese de no convertir en burla su sentido del humor.

Pregúntese a sí mismo: "¿Cómo reaccionarían Bill Cosby, Eddie Murphy o Cantinflas?"

9. Conozca a su público. "¡No enfrente de los niños!"
En este caso podemos aplicar el dicho "Existe un lugar y un tiempo para todo". Quizá desee ofrecer la oportunidad de discutir el problema en privado pero indicando que no lo hará en presencia de terceras personas puesto que ambas partes se incomodarían y difícilmente llegarían a una solución.

10. Pida que le aclaren la situación. "¿Perdón?"
Muchas veces una petición simple y directa de aclaración, especialmente si la repite un par de veces, puede aminorar el ataque y darle el control:

- "No estoy seguro de comprender".
- "¿Qué es exactamente lo que desea?"
- "¿Podría explicármelo de nuevo?"

Una vez más, su objetivo es tomar parte del control para evitar ser manipulado y jugar su propio juego.

11. Cambie de escenario. "Juego justo"

Algunas personas, incluso algunas en altos puestos, pueden causarle problemas de manera regular y previsible. También existen situaciones recurrentes específicas, como la rutina de trabajo, por ejemplo, que pueden provocar ciertos tipos de problemas. En estos casos, es probable que necesite trabajar con otras personas y formar grupos y sistemas de apoyo que prevengan estas situaciones conflictivas. Estos sistemas podrían incluir:

- Reglas de comportamiento para juntas de trabajo.
- Procedimientos generales de atención al público.
- Políticas para aplicarse de manera uniforme.
- Acciones colectivas o departamentales para lograr cambios institucionales.

La situación es grave, pero no imposible de resolver

He aquí un resumen de lineamientos y procedimientos que pueden ser de utilidad cuando tenga que enfrentarse a una persona o una situación particularmente difícil:

- Encamine sus esfuerzos a resolver un problema sustancial, no a "poner en su lugar" a una persona difícil. Si insiste usted en que haya un "ganador", probablemente no lo habrá (y de haberlo, tal vez no sea usted).
- Si usted controla el nivel emocional de su comportamiento, suprimiendo los gritos y los gestos de ira, seguramente su adversario hará lo mismo.

- El método que seleccione para enfrentar situaciones y personas difíciles debe ser natural y apegado a su personalidad. Todas nuestras sugerencias funcionan, pero sólo algunas funcionarán en su caso.
- Prepararse con anticipación es una gran ayuda. Aprenda técnicas de respiración profunda, de relajación, de reestructuración cognoscitiva y para adquirir asertividad. Un enfrentamiento no es el momento para *comenzar* a practicar.
- Si usted está por participar en una situación en la cual posiblemente tenga que enfrentarse a una persona difícil, establezca por anticipado algunas reglas básicas que cubran problemas comunes (por ejemplo, un límite de tiempo para los expositores en una junta de trabajo).
- Existen individuos que representan problemas constantes, puede practicar métodos especialmente diseñados para enfrentarse a ellos.
- Aprenda a conocerse a sí mismo y a sus mecanismos de respuesta emocional. Alguien dijo alguna vez: "Aprenda a reconocer sus propios detonadores para poder anticipar su reacción".
- Los llamados "mensajes personales" son de gran ayuda. Acepte la responsabilidad de sus propios sentimientos sin culpar a la otra persona.
- Reconocer los sentimientos ajenos al buscar una solución generalmente es de utilidad. ("Veo que estás muy molesto por esto".) Sin embargo, hay que ser especialmente cuidadosos para evitar asumir una actitud paternalista.
- A veces no es posible resolver una situación en el momento. Busque la manera de salir por un tiempo de ella para hallar la solución cuando todos estén más calmados.
- Recuerde que usted tiene varias opciones de acción. Cualquiera de ellas puede causarle problemas mayores si al enfrentarse a una persona difícil, trata usted de manipularla. Aplíquelas con sensibilidad y firmeza y con la meta de continuar su vida.

18

ASERTIVIDAD, INTIMIDAD Y SEXUALIDAD

"Vive intensamente; es un error no hacerlo. No importa lo que hagas, en tanto que seas dueño de tu vida. Si no tienes tu propia vida, ¿entonces, qué tienes?"

William James

Asertividad, intimidad y sexualidad parecen ser extraños compañeros de cuarto; sin embargo, tienen bastante en común. La asertividad tiene muchas aplicaciones en el campo de las relaciones íntimas. En este capítulo se ofrece sólo una breve introducción al tema, puesto que no tenemos el espacio necesario para tratarlo a fondo; pero usted podrá usar el material aquí presentado, en combinación con los procedimientos aprendidos en capítulos anteriores, para mejorar su asertividad en sus relaciones íntimas y sexuales.

Intimidad y sexo no son lo mismo

Muchas personas usan los términos *intimidad* y *sexo* como si fueran intercambiables. Piensan que una relación íntima es lo mismo que una relación sexual.

No lo es.

La intimidad involucra mucho más que el sexo. Piense en ello de esta manera: si usted añade un poco de canela a su postre, mejorará su sabor. El sexo es como la canela, mejora el sabor pero no es toda la receta.

La intimidad se ha convertido en un tema de especial interés en los últimos años, extensión natural de nuestro interés por tener relaciones asertivas y justas. En consecuencia, se han estudiado ampliamente los factores que contribuyen a una relación íntima saludable. En nuestro libro *The Intimate Organism* (El organismo íntimo) describimos las seis dimensiones vitales de la intimidad. El aspecto sexual no forma parte de ellas; claro está que es importante, pero en un segundo término.

Evitemos malentendidos. No estamos devaluando la importancia y el significado de las relaciones sexuales; pero no es un factor de tanta importancia como muchas personas creen. Aunque los medios masivos de comunicación nos asaltan constantemente con escenas eróticas, cuando alguien se toma la molestia de investigar cuán importante es el sexo para la felicidad total, la mayoría de las personas lo sitúa por debajo de factores más íntimos como la comunicación, la comprensión y el compromiso. Ya se imaginará usted por qué. La verdadera intimidad sexual es más bien el resultado que la causa de una relación íntima saludable. Aun cuando el mito que prevalece nos quiere hacer creer que las relaciones sexuales son el mejor indicador de la felicidad en una pareja, en realidad la felicidad es resultado de la totalidad de la relación. El sexo es sólo una pequeña parte.

Si la intimidad no es sexo, entonces, ¿qué es?

Nosotros lo definimos así: intimidad es una cualidad de relación entre dos personas que se interesan profundamente una por la otra, que se caracteriza por una atracción mutua, una comunicación abierta y sincera, el compromiso de continuar con la relación, el gozo de la vida en común, un propósito para la relación, así como la confianza mutua, la cual es una expresión de respeto. La verdadera intimidad es una mezcla compleja de estas seis dimensiones, que se podrían resumir en una palabra: *aceptación*. Este modelo de intimidad representa la idea de aceptarse a uno mismo, a la otra persona y a la relación. La aceptación es la esencia de la intimidad.

También es importante observar que toda relación íntima es un sistema interdependiente, en el cual las seis dimensiones que caracterizan la intimidad interactúan con ambas personas y con el ambiente en el que se desenvuelven.

La intimidad es una fuerza vital que se entrelaza prácticamente con todos los aspectos de una relación amorosa. Cuando ésta es saludable, ayuda a aumentar la felicidad, la satisfacción y la realización de ambos, así como a mejorar la calidad de su comunicación, sus actitudes, su amor y su vida sexual.

La mayor parte del resto de este capítulo se dedica a varios aspectos de la aplicación de la asertividad en nuestras relaciones íntimas y sexuales. Al estudiar el material, mantenga la sexualidad en perspectiva, como una parte pequeña de la intimidad total. No permita que la canela eche a perder el postre.

¿Eso es todo?

Claro está que la importancia de la sexualidad varía dependiendo de la pareja; y sin una relación sexual se pierde una forma importante de expresar nuestro amor.

El asunto va complicándose. El psicólogo William Talmadge señala que tanto la expresión sexual como la satisfacción dependen de un gran número de factores: personalidad, contexto social, condición física, historia familiar y relaciones (para darle un breve resumen). Ninguna otra persona tiene un cuerpo exactamente como el suyo, por ejemplo, y esa individualidad somática influye directamente en su sexualidad, lo mismo que los factores emocionales, intelectuales y sociales. ¿Cuáles son las creencias, actitudes y modos de comportamiento que se vislumbran en su expresión sexual? ¿Cómo afectan dicha expresión (o la falta de ella) sus amistades, sus familiares, su trabajo, su filosofía de la vida y sus sentimientos respecto a usted mismo? ¿Y las influencias culturales? Su religión, su grupo étnico, aun sus ideas políticas pueden tener algo que ver con su manera de comportarse en el terreno sexual.

El psicólogo Arnold Lazarus de la Universidad de Rutgers ha identificado diversos "mitos" que crean problemas en muchas relaciones. En su libro *Marital Myths* (Mitos en el matrimonio), el doctor Lazarus sugiere que el mito de que "los verdaderos amantes saben automáticamente lo que piensa y siente su pareja, es particularmente destructivo en la relación íntima. ¿Qué recomienda este autor? No dar nada por hecho. ¡Comunicarse!

Pero no será nada útil dañar a su pareja con su "apertura". La intimidad, por su misma naturaleza, significa compartir; pero llevar esta idea a los extremos puede provocar problemas. Decirle a su pareja "todo" sobre usted con el disfraz de la "honestidad total" es incurrir en un exceso emocional, el cual puede separarlos más que acercarlos. No sacrifique su relación en aras de una expresión personal "sin reservas". Mas si lo hace, no se moleste en describirla como "asertividad".

¡Usted no está solo!

En 1975, la Organización Mundial de la Salud reconoció esta complejidad en una definición formal de la buena expresión sexual:

> *La salud sexual es la integración de los aspectos somático, emocional, intelectual y social del ser sexual, en maneras positivas y enriquecedoras de la personalidad, la comunicación y el amor.*

Como si nuestra propia y personal sexualidad no fuera ya lo suficientemente complicada, la sociedad, el gobierno y las reglas prevalecientes intervienen también. Las relaciones íntimas entrelazan a los dos individuos, a la pareja que forman y a la sociedad en una red sumamente compleja de actitudes, emociones, fisiología, normas, costumbres, valores, incluso la política y la economía.

Nunca nadie dijo que las cosas eran fáciles; esto es cierto, pero casi todos tendemos a olvidar lo difícil que pueden ser... y ahí es donde empiezan muchos de nuestros problemas sexuales.

Cuando un terapeuta trata a una pareja con conflictos de este tipo, generalmente examina dos áreas globales de la relación: (1) la conducta sexual de la pareja: la frecuencia, la variedad, la excitación, la satisfacción, la autopercepción, la aceptación de sí mismos y del otro; y (2) la calidad general de la relación; la flexibilidad, la apertura de la comunicación, la participación activa mutua, la confianza, el compromiso, el amor, la atracción erótica, la libertad, la autonomía y la responsabilidad.

Como sugiere la definición de la OMS, es necesario considerar una compleja mezcla de factores para comprender lo que sucede en una relación sexual.

Sorprendente, ¿no cree? Uno pensaría que la complejidad de la expresión sexual, combinada con la complejidad de la comunicación íntima, sería suficiente para desanimar a cualquier persona sana de involucrarse en alguna de ellas, ya no digamos en ambas.

Pero, desde luego, esto no sucede.

¿Ha terminado la revolución?

Desde principios de los años setenta se ha puesto mucho énfasis en la parte técnica de las relaciones sexuales. El doctor Kinsey puede haber sido el iniciador, pero fueron principalmente Masters y Johnson quienes nos guiaron en la etapa física de la revolución sexual.

En nuestros días, los medios masivos de comunicación han proclamado el fin de la llamada "revolución sexual". En 1984, la revista *Time* dedicó su artículo más importante a la aminoración de la obsesión por el sexo en Estados Unidos de Norteamérica. (Algunos informes más recientes incluso sugieren que nunca hubo una "revolución sexual", que en realidad todo fue una invención publicitaria que se originó en los slogans de "amor libre" de una pequeña minoría durante los años sesentas.) En cualquier caso, hemos pasado de una época de gran énfasis en el aspecto físico del sexo a otra más centrada en los aspectos afectivos. En vez de dedicarnos a investigar nuevas zonas erógenas, ahora nos interesamos más en la verdadera intimidad, en el amor y el compromiso.

Hay quien ve esto como un retroceso hacia los "viejos tiempos". Sin embargo, sería más preciso considerar el proceso como una evolución, en la cual la "revolución", por lo menos en lo que concierne a una mayor libertad de expresión en cuanto a temas sexuales, fue un punto clave. El nuevo énfasis en el compromiso y la lealtad incorpora el terreno ganado con esta mayor apertura. No se puede regresar a los viejos tiempos ni olvidar los descubrimientos recientes.

Como sea que se les llame, los cambios ocurridos en las últimas décadas afectaron profundamente las actitudes, creencias, estereotipos y comportamientos que inhibían una expresión sexual más libre. Aunque los valores tradicionales fueron blanco de un gran cuestionamiento, no se abandonaron. Ahora vamos avanzando con nuevos descubrimientos: habilidades, libertad, conciencia e igualdad.

El siguiente cuadro, *Actitudes y comportamientos sexuales masculinos y femeninos*, nos presenta un resumen de las expectativas anteriores y actuales de la sociedad en cuanto al comportamiento sexual de hombres y mujeres. Es de mencionarse que el proceso de cambio continúa.

ACTITUDES Y COMPORTAMIENTOS
SEXUALES MASCULINOS Y FEMENINOS

MUJERES

Expectativas anteriores

Pasividad
Compasión equivocada
Sufrimiento y abnegación
Renunciación
Sumisión
Caza del "príncipe azul"
Manipulación
Timidez, recato
Delicadeza, debilidad

Expectativas actuales

Igualdad
Compasión realista
Expresión de placer
Iniciativa
Participación activa
Franqueza
Honestidad
Seguridad, espontaneidad
Fortaleza, cooperación

HOMBRES

Expectativas anteriores

Silencio
Falta de emociones
Retraimiento
Fortaleza
Control
Machismo
Inflexibilidad
Explotación
Promiscuidad

Expectativas actuales

Expresión
Sinceridad, apertura
Participación
Vulnerabilidad
Cooperación
Sensibilidad, delicadeza
Paciencia
Igualdad
Disposición

Tanto hombres como mujeres deben aún luchar por vencer los obstáculos para una sexualidad saludable. Las parejas de hoy tienen la oportunidad de edificar sus relaciones sexuales teniendo como base nuevos conocimientos y técnicas, mayor libertad de expresión sexual y una nueva igualdad entre ambos.

¿Hacia dónde nos dirigimos? Los pilares de la nueva sexualidad son la comunicación y el compromiso. El nuevo vocabulario incluye palabras como asertividad, transacciones de adulto a adulto, negociación, devoción, fidelidad e intimidad. Estamos entrando en una nueva era de unidad... no olvidando lo que hemos aprendido sobre los aspectos físicos de las relaciones sexuales.

Sexualidad asertiva

En capítulos anteriores, hablamos de la necesidad de expresión de todos los seres humanos. La expresión sexual es una aplicación especial de los principios de asertividad que hemos presentado en este libro. Ansiedad, habilidades, actitudes, obstáculos. . . Todos son elementos de la comunicación sexual, junto con los componentes del comportamiento verbal y el no verbal descritos en el capítulo 6. Lo que ha aprendido ya sobre la asertividad es una buena base para mejorar su comunicación en el aspecto sexual.

Un elemento que parece recurrir más constantemente en las relaciones sexuales es la agresión indirecta, el llamado "comportamiento pasivo-agresivo". Esto ocurre cuando un miembro de la pareja trata de hacer al otro sentirse culpable o mal, o cargarle la responsabilidad, o manipularlo para conseguir algo. Para ello se emplean diferentes métodos: falsos halagos, coqueteo, berrinches, inspirar compasión, llanto, lamentos, recriminaciones, juegos de rechazo, incluso mentiras.

El cuadro *Tipos de comunicación sexual* nos muestra cuatro estilos de expresar nuestros sentimientos sobre las relaciones sexuales. Cada estilo se divide en cinco subcategorías para ayudar a esclarecer su significado: descripción de características, pensamientos privados, expresión externa, efectos, lenguaje corporal.

Es importante tener en consideración los siguientes puntos respecto a estos cuatro estilos:

En primer lugar, nadie pertenece por completo a uno u otro. Aunque algunas personas podamos inclinarnos hacia una categoría, todos manifestamos en ocasiones los cuatro tipos de comportamiento. Por qué no admitirlo, aun usted hace berrinches algunas veces o se comporta agresivamente o con ineptitud. Por supuesto, hay ocasiones en que es bastante seguro, directo y confiado. Todos deseamos ser completamente asertivos pero nadie es perfecto.

En segundo lugar, el objetivo en la comunicación sexual es tener la capacidad y la opción de responder como usted lo desea. Muchos de nosotros respondemos automáticamente sin tener la habilidad, la actitud, el comportamiento necesarios para estar plenamente conscientes de nuestras expresiones sexuales y controlarlas. Sin embargo, aquellos que están dispuestos a continuar su desarrollo en esta área descubren que sus relaciones se vuelven más satisfactorias y gratificantes.

En tercer lugar, la motivación para algunos tipos de comportamiento es inconsciente. Nos engañamos. Claro, pensamos que siempre sabemos por qué reaccionamos de cierta manera; pero la psicología nos indica lo contrario. Los sentimientos frustrados tienden a aparecer en formas inesperadas de comportamiento.

Cuarto, toda comunicación sexual es mutua, lo cual nos lleva de nuevo a los conceptos de amor y compromiso. Hay que tener en mente nuestro objetivo. No se trata de manipular, engañar, complacer siempre a la pareja o tener la razón en todo momento. Se trata de solucionar las cosas juntos y darse cuenta que ambos juegan un papel de igualdad en su comunicación sexual.

Quinto, tanto el lenguaje corporal como el hablado son vitales para la expresión de nuestra sexualidad. El cuadro nos sugiere los componentes clave. Recuerde que la asertividad sexual va más allá de las palabras. Tal vez en este caso el lenguaje corporal sea mucho más importante que en otras situaciones.

TIPOS DE . . .

Comportamiento	Descripción de características	Pensamientos privados
No asertivo	Vacilante, tímido	"Es demasiada ruda al hacer el amor." "Hirió mis sentimientos cuando me dijo que no estaba concentrada en el sexo esta noche."
Indirectamente agresivo	Aparente, misterioso, manipulador	(Enojado por haber recibido una respuesta negativa) "La molestaré insinuando que me engaña." "¡Esta noche no! Fingiré estar enferma."
Agresivo	Exigente, rudo, insistente	"Qué manera tan desagradable de acariciar." "¿Por qué no le gusta hacer el amor de otra forma? Es tan conservador."
Asertivo	Honesto, abierto, directo	"Las caricias preliminares han sido demasiado cortas." "Ella no ha respondido como de costumbre."

. . . *COMUNICACIÓN SEXUAL*

Expresión externa	Efecto	Lenguaje corporal
"¿No crees que fuiste un poco ruda hoy?"	Irritación	Confuso
"Lo siento, no estuve muy bien esta noche."		Velado
"¿No has leído que quien no se interesa en hacer el amor con su pareja es porque tiene una aventura con alguien más?"	Enojo	Incongruente
Bosteza, suspira, parece molesta, se frota el estómago y hace gestos.		Subversivo
"¡Qué torpe estás esta noche!"	Hostilidad	Tosco, rudo
"¿Estás loco? Todo mundo lo hace."		Desafiante
"Me parece que no nos acariciamos lo suficiente antes de hacer el amor. Me gustaría que lo hiciéramos más."	Entusiasmo	Directo
"Siento que últimamente no respondes mucho cuando hacemos el amor."		Directo

Ejemplos de situaciones sexuales que requieren asertividad

A continuación presentamos algunos ejemplos para ayudarle a entender mejor los diferentes tipos de comunicación en el campo de la sexualidad. Incluimos también una respuesta "típica" para cada situación.

Ruleta en la playa

Ricardo está en verdad emocionado. Después de cortejar a Susana por algunas semanas, finalmente ha aceptado ir a su playa favorita, un lugar casi privado. El día es hermoso y Susana luce irresistiblemente sensual en su bikini. Al caer la tarde, Ricardo le pregunta: "¿No te gustaría hacer el amor aquí en la playa"?

Ella no está segura. Ricardo es atractivo pero… decide contestarle:

a) "¿Estás seguro de ser lo suficientemente hombre, hablador?"

b) "Me gusta la idea pero tengo que estar en casa en 20 minutos."

c) "Está bien, si así lo deseas…"

d) "Claro que sí. Si no traes anticonceptivos, yo tengo en mi bolso."

Aburrimiento en la alcoba

Durante los pasados seis meses su compañero ha perdido el interés por el sexo. Han hecho el amor con menos frecuencia y, cuando tienen relaciones, él no muestra interés ni entusiasmo. Usted ha tratado de motivarlo pero sus intentos han fracasado. Finalmente, decide intentar lo siguiente:

a) Ser más paciente. Se le ocurre pensar que tal vez no sea usted muy sensual, así que decide poner más atención a satisfacer a su pareja en todos sus deseos.

b) Decirle a su pareja que el médico le recomendó tener relaciones sexuales con más frecuencia para incrementar su nivel hormonal.

c) Le recrimina a su compañero con enojo. Su malestar está en ebullición y la mala relación sexual de esta noche es la gota que colmó el vaso. Él responde de igual manera y la discusión se prolonga por varias horas. Finalmente, pasa usted la noche en el sofá de la sala y toda la semana se siente irritada.

d) Le dice a su pareja que su paciencia ha llegado al límite y que deben hacer cambios drásticos en su relación sexual. Con firmeza, mas no con enojo, sugiere usted algunas alternativas: un libro sobre el tema que le han recomendado; pasar un fin de semana en terapia sexual; ver a un consejero matrimonial. Su compañero se muestra reacio y le contesta: "Ve tú, es tu problema".

Usted insiste, reconociendo que en parte él tiene razón, pero que la situación afecta a ambos y reitera su deseo de encontrar una solución conjunta.

El amor y el alcohol

Su compañero suele beber demasiado antes de hacer el amor. Usted siente que el acohol deteriora la calidad de sus relaciones sexuales y que es tiempo de tomar algunas medidas:

a) Sugiere a su pareja que tal vez está bebiendo demasiado antes de hacer el amor. Él se ofende y le responde bruscamente: "Mi forma de beber es completamente normal".

b) En una reunión, usted comenta sobre la "maldición" del alcohol frente a sus amigos y a su pareja. En casa, esconde las botellas y cuando le sirve una copa a su pareja, "accidentalmente" la deja caer al piso.

c) En medio de la relación sexual le grita usted a su pareja: "¡Eres un miserable borracho!", se levanta dramáticamente y se va a dormir al sofá.

d) Escoge un momento de calma y, hablando con su pareja franca y directamente, le hace ver que el alcohol está arruinando la calidad de sus relaciones sexuales.

Le explica cómo es que esto ocurre y subraya lo importante que es para usted la relación.

Algunas habilidades básicas en el área de asertividad sexual

Existe un patrón básico en el área de la comunicación sexual, situaciones clave que se repiten constantemente. Aquí le mostramos algunas y le damos sugerencias para ayudarle a desenvolverse mejor en ellas.

Cómo decir no. Debido a la delicadeza y naturaleza íntima de la comunicación sexual, es recomendable mostrar sensibilidad y comprensión al negarse a hacer el amor.

"No quiero herir tus sentimientos, pero no tengo deseos de hacerlo."

"Te amo pero en verdad me siento muy cansada esta noche. ¿Qué tal si lo dejamos para mañana?"

(Más adelante presentaremos situaciones en las cuales es necesario más que un simple "No".)

Cómo decir sí. A todos nos gusta algo de entusiasmo, especialmente en el terreno del amor.

"¡Claro, me encantaría!"

"Suena bien, ¡claro que sí!"

"Sí, hagamos el amor esta noche".

Seamos creativos y exploremos juntos. El sexo no tiene por qué ser aburrido ni repetitivo. Hay que tomar riesgos, explorar juntos, intentar cosas nuevas. En el terreno sexual hay que ser libres, creativos y usar la imaginación.

"Querida, he estado leyendo este libro y en verdad me gustaría practicar la posición número 85 esta noche. ¿Qué te parece?"

"¿Qué tal un masaje con aceite de almendra? ¡También podemos usar algo de incienso!"

"Hoy quisiera que sólo nos besemos y acariciemos. No hagamos el amor."

Cómo escuchar. Las situaciones que presentamos requieren que expresemos nuestros deseos. Desgraciadamente, su contraparte, el arte de escuchar, parece haberse perdido, especialmente cuando se trata de relaciones íntimas. Dese un tiempo para escuchar lo que su pareja dice.

Los consejeros matrimoniales suelen asignar tareas a las parejas para aprender a escuchar. Por ejemplo, trate de repetir lo que su compañero(a) dice y asegúrese de comprender el mensaje correctamente antes de responder. Pida a su pareja que haga lo mismo, que lo escuche muy bien antes de respoder. Esta técnica le ayudará a sentir que en verdad le escuchan y le toman en cuenta.

Negociar y ceder. Estas habilidades son de gran utilidad en todos los aspectos del matrimonio y de nuestras relaciones íntimas. Aprender a dar y recibir, a expresar nuestros deseos, a esperar nuestro turno, todo ello es necesario para ser asertivos sexualmente.

La sexualidad y los solteros

Las formas de expresión sexual de los solteros están en constante cambio. Las personas solteras parecen tener las mismas metas que las casadas: establecer relaciones duraderas. Algunos expertos opinan que las relaciones cortas han perdido popularidad por dos razones principales: primero, porque los solteros también desean intimidad y compromiso; y, en segundo término, por la amenaza del SIDA y otras enfermedades transmitidas sexualmente. Por una u otra razón, las relaciones sexuales se han vuelto más conservadoras que hace algunas décadas.

Los solteros expresan su sexualidad de dos maneras. Muchas parejas deciden vivir en unión libre y se comprometen a continuar su relación. Otras han vuelto a practicar la abstinencia de relaciones sexuales antes del matrimonio. En cualquier caso, creemos que las sugerencias que le hemos dado se aplican por igual.

Ya sea que exista el lazo matrimonial o no, es importante que nos expresemos con eficacia en el terreno sexual. Mientras más pronto aprendamos a manifestar nuestros deseos como pareja con sinceridad y a compartir honestamente, mejor nos sentiremos.

Cuando no es suficiente decir no

El acoso sexual y el ataque físico a las mujeres es un problema en nuestra sociedad. Aunque la investigación y las estadísticas en este campo difieren grandemente, parece ser que por lo menos un 25% de las mujeres de 18 años en adelante han experimentado alguna forma de actividad sexual no deseada. La mayor parte de estas desafortunadas situaciones tienen que ver con amigos, familiares o novios. El porcentaje de delitos sexuales cometidos por extraños es bastante reducido. Por otra parte, muchas mujeres no saben decir no con firmeza y muchos hombres no saben aceptar una negativa.

Puesto que las mujeres son las víctimas más frecuentes del abuso sexual, la gran mayoría de los programas para tratar el problema han sido diseñados para ellas. Hasta que la actitud de la sociedad en el terreno sexual cambie significativamente y los hombres aprendan a aceptar su responsabililidad de tratar a las mujeres con respeto, los programas continuarán centrándose en armar a las mujeres con técnicas defensivas. Los cursos de asertividad han tenido gran eficacia en esta área.

La doctora Charlene Muehlenhard (1989) de la Universidad de Kansas ha contribuido grandemente en este terreno y ha desarrollado varias técnicas para determinar el grado de capacidad de las mujeres para rechazar con firmeza proposiciones sexuales no deseadas. Entre tales técnicas podemos encontrar el cuestionario de asertividad sexual, la prueba de representación de papeles de actividad sexual y la prueba de respuestas asertivas. Cada uno de estos procedimientos está encaminado a medir un aspecto diferente de la capacidad de las mujeres para mantener una posición firme en su negativa ante los avances sexuales de los hombres.

Los métodos de la doctora Muehlenhard representan una forma especial e importante de aplicar los conceptos de asertividad presentados en este libro.

Ella y sus colegas han desarrollado métodos para entrenar a las mujeres a resistirse a los avances sexuales, incluyendo el intento de violación. Usando las técnicas de evaluación mencionadas anteriormente, el programa de entrenamiento intenta ayudar a las mujeres participantes a mejorar sus habilidades en las áreas que lo requieran. Los cursos incluyen películas y análisis en grupo de los derechos de la mujer, las razones fundamentales de las actitudes de debilidad, así como entrenamiento para responder apropiadamente en situaciones difíciles.

Si usted es mujer, le instamos a que desarrolle su asertividad para responder a tales situaciones. Practique decir "no" en diferentes circunstancias, especialmente aquellas que podrían llevarla a situaciones no deseadas. A nuestros lectores masculinos, los invitamos sinceramente a reconsiderar sus actitudes hacia las mujeres, la sexualidad, el derecho de autodeterminación de todas las personas y el respeto que todos merecemos. Si usted tolera o alienta a otros hombres a "probar su hombría" sexualmente, está contribuyendo al problema aun cuando usted mismo no presione a las mujeres de manera agresiva. Si usted cree que una cena, o la invitación a un espectáculo, o unas cuantas citas, incluso la promesa de una relación futura, le da el "derecho" de entablar relaciones sexuales contra el deseo de su pareja, está usted aún atrapado en la categoría de "macho" y lo instamos a reflexionar sobre cómo actuaría si realmente considerara a su compañera como su igual y la tratara con el respeto que tal igualdad requiere.

El compromiso en las relaciones íntimas

Mucha gente relaciona la palabra *compromiso* con una imagen pasiva, al estilo victoriano: "hasta que la muerte nos separe", fidelidad eterna sin importar la calidad de la relación. Pero las cosas han cambiado.

Hoy, el compromiso nace de una unión activa con la pareja e implica estabilidad basada en la comunicación abierta; es un proceso activo y cambiante, no pasivo ni inmutable.

Comprometerse requerirá que la pareja tenga enfrentamientos y que acepte las malas rachas y las dificultades.

Comprometerse no quiere decir guardar silencio ni soportar con abnegación todos los defectos de la pareja.

Comprometerse no significa tener fe ciega en la pareja ni es sinónimo de ignorancia.

Comprometerse no quiere decir pasividad ni ingenuidad.

Comprometerse implica acción, comunicación, desarrollo, encuentro y alegría de vivir.

Comprometerse significa compartir la responsabilidad.

Comprometerse es no tolerar preferencias sexuales parciales, sadismo o chantajes emocionales.

Comprometerse es no permitir abusos y violencia sexual.

Comprometerse significa delinear los límites y expresar nuestros pensamientos.

Al madurar juntos, la pareja se dará cuenta de que comprometerse significa aceptar (dentro de un límite tolerable), ciertas condiciones que no cambiarán, lo cual no es fácil. Probablemente usted y su pareja se hayan convencido durante años de que han sido honestos y han aceptado sus mutuos defectos y hábitos peculiares que nunca cambiarán. Sin embargo, muy dentro de su alma, quedaba algo de esperanza, esperanza de que algún día su pareja estará dispuesta a tener relaciones sexuales más frecuentemente, o a ser más cariñosa, o a vestir más atractivamente, o a no voltearse y dormirse inmediatamente después de hacer el amor.

Aun cuando compartir la alegría y solucionar situaciones difíciles juntos produce una mayor devoción y un compromiso más profundo, también habrá que enfrentar algunas realidades bastante duras. No importa cuán amoroso sea y cuánto apoyo y comprensión le dé usted a su pareja, ciertas costumbres molestas, algún gesto irritante, simplemente no desaparecerán.

La aceptación es el principio del verdadero amor y la desaparición del ego: es la verdadera intimidad.

Con frecuencia hemos insistido en este libro que la verdadera asertividad es una forma de establecer la igualdad en una relación y no sólo de expresar nuestras propias necesidades. Esto es especialmente cierto en el área de la intimidad. Una relación caracterizada por la igualdad, el amor y una expresión sincera de nuestra asertividad es fuente de verdadera intimidad e inmensa satisfacción mutua. Sin estas cualidades no es probable lograr una relación íntima y satisfactoria.

19

CÓMO AYUDAR A OTROS A ACEPTAR SU NUEVA ASERTIVIDAD

"Todos los caminos llegan a la misma meta: comunicar a otros lo que somos."

Pablo Neruda

Al ir desarrollando su asertividad, quizá haya notado cambios en las personas que le rodean: su familia, sus amigos, compañeros de trabajo y otras personas estarán extrañados, y acaso no muy felices, con su cambio.

A muchos nos gusta poder predecir la reacción de otros en una situación específica...

"¡No le va a gustar nada a mamá!"

"¡Ya verás cuando llegue tu padre!"

"¡El jefe se va a poner furioso!"

"Jaime estará encantado con el detalle."

...Generalmente, estas personas se muestran sorprendidas cuando sus predicciones no se cumplen...

"¿Me pregunto por qué estará María actuando de forma tan diferente últimamente?"

"¿Qué le pasará a Jorge?"
"Me extraña que digas eso."
"Antes no te importaba si tomaba prestado tu…"

El desarrollo de su asertividad tendrá efectos directos sobre sus seres queridos. Puede darles gusto que su comportamiento sea más eficaz; sin embargo, tal vez no les agrade tanto que usted ahora haya comenzado a "responder", o a negarles el control de ciertas situaciones. Usted puede prepararlos para aceptar los cambios ocurridos y esto será decisivo para obtener su apoyo.

¿Cómo se ve desde afuera?

"¿Qué le ha pasado a Armando? Últimamente ha estado actuando de un modo extraño. Le pedí prestado su auto y ¡me lo negó!"
     La gente lo notará. Se preguntarán por qué ya no se deja manipular. Algunos apoyarán su cambio, otros lo censurarán… pero todos lo notarán.
     Es común que al principio las personas que practican la asertividad exageren, lo cual hace más notorios sus cambios. Algunas personas creerán que usted se ha vuelto agresivo de repente, y tal vez sea verdad. Si se atreve usted a decir "no" por primera vez en su vida, es posible que lo disfrute tanto que ponga demasiado énfasis en sus palabras: "¡NO, y no me lo pidas otra vez!"
     Si usted reacciona de manera exagerada y cae en el exhibicionismo, los demás lo resentirán. No sólo será difícil ya predecir su reacción, sino que se ha convertido en una persona insoportable. Desde el punto de vista de sus amistades y su familia, usted se ha vuelto un "malhumorado", a quien es bueno evitar a toda costa.
     Si en lugar de eso usted emprende sus acciones asertivas con timidez, quizá los demás noten que algo ha cambiado, pero no comprenderán con qué fin.
     Puede ser una buena idea informar de sus intenciones a las personas cercanas a usted —al menos a aquellos en quienes usted confíe— e inclusive pedir su cooperación. Si tiene éxito, de un

modo u otro, sus amistades participarán en su asertividad; no hay razón de ocultarse ante quienes pueden ayudarle. Continuaremos hablando de este tema más adelante.

Analice su efecto en los demás

Usted necesitará desarrollar su sensibilidad a las reacciones de los demás a su asertividad, aprendiendo a observar los efectos y a identificar las señales más sutiles.

En este caso deberá tomar en cuenta muchos de los comportamientos no verbales que estudiamos en el tema de la expresión asertiva: contacto visual, postura, gestos, expresiones faciales, voz, distancia al hablar. . . Trate de captar las mismas características en sus interlocutores para darse cuenta de la manera en que reciben su mensaje y reaccionan a su asertividad.

Reacciones potencialmente adversas

En nuestros más de 20 años de experiencia como facilitadores del aprendizaje de la asertividad nos hemos topado con algunos resultados negativos. Ciertas personas reaccionan de un modo negativo al enfrentarse a la asertividad. En consecuencia, aunque la persona asertiva actúe con propiedad, muchas veces obtendrá reacciones desagradables. Por ejemplo:

Entre dientes. Después de que usted ha actuado de un modo asertivo, la otra persona puede disgustarse pero no expresarlo abiertamente. Por ejemplo, si alguien se le adelanta en una fila y usted reacciona asertivamente defendiendo su lugar, la persona quizá se retire al final de la fila pero, al pasar cerca de usted, murmure cosas como: "¡Qué tipo tan pesado!" "¡Quién se cree que es!". Aquí creemos que la mejor solución es simplemente ignorar este tipo de reacciones inmaduras. Si usted contesta de alguna manera, muy probablemente complicará la situación aceptando que le molestó lo dicho por la otra persona.

Agresión. En ocasiones quizá obtenga una respuesta francamente hostil: (gritos, choques físicos, empujones o golpes). Una vez más, lo mejor es evitar hacer el problema más grande.

Quizá decida disculparse si la persona está muy herida por sus acciones, pero manteniendo su actitud asertiva. Esto es muy importante, especialmente si la relación es constante. Si usted se arrepiente de haber actuado asertivamente, simplemente fomentará esta reacción negativa y muy probablemente la perpetuará.

Berrinches. En algunas situaciones, usted se enfrentará con alguien acostumbrado a controlar la situación. Estas personas por lo regular se mostrarán heridas, harán alusión a su estado de salud, diciendo cosas como "ya no me quieres", llorando y sintiendo lástima por sí mismas. Lo mejor es ignorar este tipo de comportamiento.

Reacciones psicosomáticas. En algunos casos, si usted altera un hábito establecido por bastante tiempo, el resultado puede ser una verdadera enfermedad física: dolores abdominales, dolores de cabeza y desmayos son algunos de los posibles síntomas. Su asertividad debe ser firme y reconocer que la otra persona se acostumbrará a la nueva situación en poco tiempo. Asegúrese que su comportamiento sea consistente cada vez que esta situación se repita; de no ser así, la otra persona experimentará confusión y es posible que acabe por ignorar sus actitudes asertivas.

Disculpas excesivas. En muy raras ocasiones, al actuar asertivamente, la otra persona reaccionará disculpándose con exceso o comportándose con demasiada humildad. Usted debe señalar que ese comportamiento es innecesario. Si en otras ocasiones la misma persona parece temerosa o diferente, no se aproveche de la situación; más bien, puede ayudarla a adquirir asertividad usando los métodos que ha aprendido en este libro.

Venganza. Si usted tiene una relación continua con una persona y ésta experimenta el cambio de su comportamiento, tal vez quiera vengarse. Al principio, puede ser difícil entender lo que intenta hacer; pero al pasar el tiempo, las pullas serán más evidentes.

Cuando esté seguro de que alguien trata de hacerle la vida pesada, tome acciones para detenerlo de inmediato. Confrontar la situación directamente es, por lo regular, suficiente para lograrlo.

¿Cómo puede incluir a otros en su proceso de aprendizaje?

En una sección previa de este capítulo, sugerimos que considerara involucrar a uno de sus mejores amigos en el desarrollo de su asertividad. Pruebe dar estos pasos:

...Dígale a su amiga más cercana, alguien en quien pueda confiar, que está aprendiendo a actuar asertivamente.

...No olvide que tendrá que actuar con cautela al escoger a quién informarle de sus propósitos. Quienes se interesen por su bienestar le apoyarán. Otros, incluso los amigos cercanos e íntimos, querrán reprimir sus esfuerzos. Elija con cuidado.

...Dígale a su amiga lo que significa para usted ser asertivo y las diferencias entre asertividad y agresividad.

...Pídale que lo apoye.

...Si acepta, decidan juntos algunos tipos de comportamiento que ella deba observar y solicite que le informe periódicamente de los avances que note, especialmente las señales no verbales (consulte el capítulo 6).

...Tome en cuenta que algunas veces, al actuar asertivamente, tendrá que decir "no" a su amiga o hacer algo en contra de sus preferencias. Discútalo con ella por adelantado.

...Evite anunciar: "¡Voy a actuar con asertividad en este momento!" como si fuera una excusa para un comportamiento rudo o inapropiado, o le permitiera evadir responsabilidad por sus acciones.

...Si usted está desarrollando su asertividad como parte de una terapia, no tiene que divulgarlo. Simplemente hable de sus metas y señale qué está aprendiendo con este libro.

¿EN QUÉ FORMA PUEDE AYUDAR UN AMIGO?

Alguien ha confiado lo suficiente en usted para pedirle ayuda.

Un amigo, pariente, compañero de cuarto, colega, pareja o alguna otra persona importante para usted le ha pedido leer esta breve guía debido a que ha decidido hacer algunos cambios en su personalidad. El método que su amigo sigue se llama "Entrenamiento en asertividad" y su propósito es ayudar a las personas a expresarse con eficacia.

La asertividad se confunde muchas veces con agresividad, por lo que es conveniente aclarar el punto: aprender a ser más asertivo no significa aprender a manipular a otros para salirse con la suya. Significa hacer valer lo que uno cree, expresar nuestros sentimientos directa y firmemente y establecer relaciones equilibradas que tomen en cuenta las necesidades de ambas partes.

Su amigo puede estar leyendo un libro, tomando una clase, trabajando con un consejero, practicando solo o en grupo; existen muchas formas de desarrollar la asertividad. El proceso puede tomar semanas, incluso meses, pero usted notará algunos cambios. Quizá su amigo opine acerca de dónde ir a comer, qué está haciendo mal el gobierno, cómo desempeña usted las tareas del hogar que le corresponden, tal vez se niegue a algún favor, tome la iniciativa en la conversación, le alabe más que antes o incluso muestre su enojo de vez en cuando.

No es para preocuparse. Si este nuevo comportamiento tuviera la intención de amenazarlo, su amigo no le hubiera pedido a usted que leyera esto.

La mayoría de la gente encuentra que con la asertividad la persona resulta más agradable, más espontánea, menos inhibida, más honesta y directa, más contenta consigo misma y tal vez hasta ¡más saludable!

Bueno pero...¿y usted?

Veamos, su amigo le ha pedido que lea esto para que esté más al tanto de lo que ocurre en su vida en este momento y para que entienda mejor los cambios que verá en las próximas semanas y meses.

Usted es, evidentemente, alguien en quien él confía, pues puede ser riesgoso informar de los cambios que uno piensa hacer. Es como contar nuestros sueños o propósitos de año nuevo. Si las cosas no resultan, la persona quedaría expuesta a ser realmente lastimada.

Por favor, responda a la confianza que ha sido depositada en usted.

Éstas son algunas formas en las que puede ayudar:

...investigue cuáles son los cambios que su amigo quiere llevar a cabo; así sabrá de qué manera apoyarlo.

...cuando empiece a ver los cambios, aunque sean pequeños, felicítelo.

...sea honesto al hablar con él... incluyendo señalar cuándo exagera al tratar de ser asertivo.

...lea e infórmese acerca de la asertividad.

..."dirija" a su amigo en cambios específicos, como mejorar el contacto visual o el tono de voz.

...sea usted mismo un modelo de asertividad.

...ayude a su amigo a "practicar" situaciones especiales, tales como entrevistas de trabajo o confrontaciones.

Muy probablemente encontrará que su atención será pagada con creces. Y quizá usted mismo aprenda unas cuantas cosas.

Fuente: *Your perfect right: a guide to assertive living* (Sixth Edition). Copyright 1990 por Robert E. Alberti y Michael L. Emmons. Reimpreso con autorizacióon de Impact Publishers, San Luis Obispo, CA. 93406.

...Si está trabajando con un terapeuta u otra clase de entrenador, tal vez desee invitar a su amigo a una sesión de orientación.

...Si decide continuar e involucrar a un amigo en sus planes, el cuadro de las páginas 200-201 le será de utilidad para orientarlo acerca del entrenamiento en asertividad. Puede copiarlo si lo desea pero por favor incluya los créditos al final de la página.

20

MÁS ALLÁ DE LA ASERTIVIDAD

"Dios mío, danos la serenidad para aceptar lo que no podemos cambiar, el valor para cambiar lo que debemos cambiar y la sabiduría para distinguir la diferencia."

*Reinhold Niebhur**

En este libro hemos puesto énfasis en la elección individual y la importancia del comportamiento asertivo para las personas que desean obtener autocontrol. El lector perceptivo habrá reconocido algunos de los peligros y posibles fallas de la asertividad personal; se requiere sensibilidad para tomar en cuenta las limitaciones y las consecuencias negativas potenciales.

A pesar de que el comportamiento asertivo tiene valor en sí mismo, algunas veces sus consecuencias lo harán perder su valor. Imagine, por ejemplo, al jovencito que se rehusa asertivamente a prestar su bicicleta nueva al jefe de la pandilla y como resultado termina con un ojo morado. Su asertividad fue legítima, pero la

---

*Existe controversia entre los estudiosos del tema respecto al origen de esta oración, pero generalmente se le atribuye esta versión específica a Niebhur.

otra persona no quiso aceptar su negativa. Por tanto, sin sugerir que la asertividad deba evitarse de parecer peligrosa, le recomendamos considerar las probables consecuencias de su comportamiento. Bajo ciertas circunstancias, el valor de un acto asertivo puede verse sobrepasado por el valor de evitar la probable reacción.

Algunas veces las reacciones de los adultos son más sutiles que las de un jefe de pandilla. Adriana se distanció de una pareja de quien había sido amiga por 20 años por haber criticado la manera en que educaban a su hijo. Se necesitó un año para que la herida cerrara; mientras tanto se preguntaba si había valido la pena ser asertiva.

Si usted *sabe cómo* actuar asertivamente, es libre de hacerlo o no. Si *no es capaz* de actuar de este modo, no tiene opciones: será manipulado por otros y su bienestar se verá afectado. Nuestra meta más importante en este libro es capacitarlo para que USTED elija.

Decidir actuar sin asertividad

Vale la pena repetirlo: la *elección* es la palabra clave en el proceso de asertividad. Siempre y cuando usted sepa (por experiencias previas) que puede actuar asertivamente, puede decidir no hacerlo en ciertas circunstancias, como las siguientes:

Sensibilidad extrema. En ocasiones, usted notará que una cierta persona no es capaz de aceptar ni el más mínimo grado de asertividad. Cuando esto suceda, es mejor resignarse a ese hecho y no arriesgarse a las consecuencias. Aunque existen personas que fingen debilidad para manipular a otros, otras se sienten amenazadas fácilmente y la menor provocación hace que se cierren por completo (lastimándose a sí mismas) o que "exploten" (hiriendo a otros). Si usted está cerca de alguien así, es posible reforzar la tolerancia, aceptar a la persona y soportar la situación.

Redundancia. De vez en cuando alguien que se ha aprovechado de usted se dará cuenta de lo sucedido, antes de que usted tenga la oportunidad de expresarse y tratará de remediarlo. No sería apropiado que usted se conecte y actúe con asertividad en ese momento. No espere un largo tiempo deseando que la otra persona se dé cuenta y no titubee en responder con asertividad si el ofensor no intenta remediar la situación.

Comprensión. Habrá ocasiones en que usted prefiera no ser asertivo porque notará que la persona está teniendo dificultades o problemas; pueden existir circunstancias extenuantes. Una noche en un restaurante era evidente que el nuevo cocinero tenía grandes dificultades. Cuando nuestra orden llegó, no exactamente como la pedimos, decidimos no actuar con asertividad para no agrandar sus problemas.

Cuando alguien que usted conoce está pasando por un día "malo" y se encuentra de mal humor, tal vez elija pasar por alto algunos detalles poco agradables o posponer alguna confrontación para un momento más apropiado. Precaución: es muy fácil pretextar "no quiero herir sus sentimientos" para no ser asertivo en ocasiones que exigen asertividad. Si usted descubre que está haciendo esto muy seguido, le sugerimos que examine cuidadosamente los motivos reales.

Manipulación y gente incorregible. En la vida de todos, existen aquellos que simplemente son ¡imposibles! Sus mejores esfuerzos por actuar apropiadamente con ellos casi siempre da como resultado una reacción no deseada. Algunas personas son tan desagradables que simplemente no vale la pena confrontarlas; y algunas veces, la ganancia potencial no vale el precio que tenemos que pagar en dolor personal. Apoyamos su elección de no actuar con asertividad en esas circunstancias. Sin embargo, le recomendamos examinar nuevamente la situación con todo cuidado; también considere la posibilidad de que usted recurra a la excusa "no vale la pena" para evitar confrontar una situación difícil pero no imposible.

Cuando estamos equivocados

Especialmente al principio, tal vez usted actúe asertivamente habiendo malinterpretado la situación. Es probable que también su técnica falle y ofenda a la otra persona. Si cualquiera de estas situaciones ocurre, reconozca que está en un error. No hay necesidad de dejarse llevar tratando de remediar la situación, simplemente sea lo suficientemente maduro para aceptar sus errores. Y no dude en actuar con asertividad con la misma persona en el futuro si la situación así lo amerita.

"Es demasiado tarde"

Muchas personas nos piden consejo porque sienten frustración por las consecuencias de su falta de asertividad en situaciones pasadas; sienten que no hay nada que puedan hacer ahora para cambiar la situación.

Mariana, una ejecutiva bastante ocupada, por lo regular terminaba sus cartas e informes al final del día de trabajo y siempre le pedía a Jorge, su secretario, se quedara hasta tarde para poder mecanografiar el trabajo y prepararlo para el día siguiente. La primera vez Jorge pensó que se trataba de una circunstancia excepcional y asintió de buena gana. Después de un tiempo, se dio cuenta de que la "situación excepcional" se convirtió en una "obligación" que ocurría dos o tres veces por semana. A pesar de que disfrutaba su trabajo, esto empezó a interferir con su vida personal y consideró dejarlo.

Jorge buscó ayuda en un grupo de entrenamiento de asertividad, en donde sacó a relucir su situación para discusión. El entrenador y los miembros del grupo lo apoyaron. Escogiendo a una persona relativamente asertiva del grupo, él "ensayó" una escena en la cual confrontaba a Mariana. Al principio lo hizo bastante mal, disculpándose y permitiendo que "el jefe" lo convenciera de que la "lealtad a la compañía" era necesaria en su puesto. Sin embargo, con la ayuda del grupo, Jorge mejoró su capacidad de expresar sus sentimientos asertivamente y aprendió a no acobardarse por la respuesta de la ejecutiva.

El día siguiente, Jorge confrontó a Mariana en la oficina, le hizo saber lo que sentía y arregló un horario mejor para sus proyectos. En los dos meses siguientes, ella únicamente le pidió quedarse en dos ocasiones en que las circunstancias eran claramente extraordinarias. Ambos estaban satisfechos con los resultados.

El punto de esta discusión es que rara vez es demasiado tarde para una acción asertiva, apropiada, aunque la situación haya empeorado con el tiempo. Acercarnos a la persona en cuestión, incluso si es un miembro de nuestra familia, la(el) esposa(o), el amante, el jefe, el empleado, diciendo con honestidad: "He estado preocupado acerca de... por algún tiempo" o "Me gustaría hablar contigo sobre..." puede conducirlo hacia un esfuerzo muy productivo para la solución de una situación incómoda. Y puede fomentar una comunicación más honesta y abierta en el futuro.

Recuerde la importancia de expresar sus sentimientos de tal manera que usted acepte la responsabilidad por ellos: "Estoy preocupado..." y no "Tú me preocupas..."; "Estoy enojado..." y no "Tú me hiciste enojar...".

Otra razón importante para ocuparnos de situaciones pasadas con otras personas es que lo que no terminamos continúa dañándonos. El resentimiento debido a experiencias que produjeron enojo o daño no desaparecerá con facilidad. Tales sentimientos casi siempre apartan más a las personas; además, la desconfianza y el rencor resultantes las hieren.

Si no es posible resolver los problemas pasados amigablemente, hacer lo que esté en sus manos para intentar la reconciliación es un paso muy saludable y valioso para usted. Reconocemos que abrir viejas heridas puede ser doloroso; y existen ciertos riesgos: el resultado puede ser peor. A pesar de ellos, hemos visto a tantas personas obtener grandes ganancias por haber resuelto viejos conflictos que no dudamos en recomendarle hacer todo lo posible para dar soluciones a tales problemas en su propia vida.

Un comentario extra: como le hemos advertido anteriormente, no trate de iniciar su "viaje" hacia la asertividad con relaciones de alto riesgo, aquellas que son muy importantes para usted. Ésta es una labor bastante difícil y debe iniciarse después de que usted domine los pasos básicos.

El balance del péndulo

Una de las más usuales preguntas de nuestra audiencia cuando hablamos de asertividad es:

"Tengo un amigo que tomó el curso de entrenamiento en asertividad y ahora es ¡insoportable! Él, que solía ser pacífico y calmado, ahora se queja de todo. Realmente se está sobrepasando. ¿No es peligroso algunas veces este entrenamiento que crea monstruos?

Las personas que se han considerado inferiores durante toda su vida y han aprendido a ser asertivas, por lo regular sobrepasan la asertividad y la convierten en agresividad verbal. El mensaje puede ser, "Ahora es mi turno y voy a poner a algunos en su lugar". Los sentimientos reprimidos o disfrazados por muchos años suelen salir a flote explosivamente cuando se aprenden nuevas habilidades para expresarlos.

Y también puede suceder lo contrario: quienes han sido víctimas de un comportamiento agresivo, como la manipulación, muy probablemente se extralimiten en sus inicios en la asertividad, volviéndose excesivamente sensibles y accesibles. Si una persona que solía ser burlona y calculadora de repente nos trata como reyes, nos iríamos de espaldas.

Estos dramáticos cambios en el comportamiento son reacciones normales y usuales bajo estas circunstancias. El péndulo se "atoró". Ahora que está libre, la persona desea experimentar todas las facetas de su comportamiento. Sugerimos tener paciencia; el péndulo regresará a su lugar después de un periodo de experimentación relativamente corto, y la asertividad acabará por aceptarse como la mejor alternativa.

La asertividad desde una perspectiva holística

Los defensores de varios procedimientos terapéuticos por lo regular ponen demasiado énfasis en su propio método, excluyendo otras técnicas valiosas. Los psicólogos, por ejemplo, solemos pensar que la única solución para los problemas de los pacientes es el tratamiento mental. Sin embargo, no existe una sola cura para todos los padecimientos.

El entrenamiento en asertividad es un instrumento muy valioso para adquirir confianza en uno mismo y control de nuestras vidas, pero no puede resolver todos nuestros problemas.

Funciona mejor si se combina con otros procedimientos apropiados a las necesidades de las personas. Nosotros proponemos un método holístico-ecléctico, integrando una variedad de procesos psicológicos con factores físicos, espirituales y ambientales. Las dimensiones humanas mentales, físicas y espirituales son inseparables y es vital que nos relacionemos con cada persona como un ser total, tomando en cuenta factores ambientales importantes.

Si usted está analizando el modo en que su psique trabaja, no olvide incluir las áreas física, espiritual y ambiental. Para una apreciación completa de su bienestar es importante considerar su historia médica, su condición médica actual, sus hábitos en cuanto a dieta y ejercicio físico, sus fuerzas espirituales y debilidades, así como sus condiciones de vida. No podemos asumir que la inseguridad, por ejemplo, puede resolverse con sólo el entrenamiento en asertividad. El problema puede deberse más que nada a los hábitos alimenticios. Examine todas las posibilidades y, de ser necesario, busque también ayuda médica o espiritual profesional.

El concepto "salud holística" está en boga en nuestra sociedad actual. El movimiento llamado "nueva era" se basa en la filosofía holística (en conjunto con otros procesos no muy lógicos). Pero las raíces históricas de estos procedimientos se remontan al antiguo Egipto. La regeneración de estos conceptos ha sido estimulada por factores como el creciente consumismo, el costo exorbitante de la atención médica, la liberación femenina y la asertividad. A pesar de la tendencia hacia las especializaciones, entre los profesionales de la salud en todos los campos va surgiendo un enfoque holístico cada vez más fuerte.

Para poder considerar la asertividad desde un punto de vista holístico, es necesario identificar los principios de la salud holística aceptados entre quienes practican esta filosofía: (1) La salud holística pone énfasis en el bienestar psicológico, físico y espiritual. (2) Cada individuo es responsable de su salud. (3) La salud debe considerarse dentro de un contexto familiar, comunal y cultural. (4) Ningún procedimiento médico posee la "verdad absoluta". (5) Los procedimientos naturales, evitando el uso de drogas, son preferibles. (6) La salud total depende del poder curativo de nuestro cuerpo mismo y nuestro poder espiritual. (7) La salud es un proceso continuo que incluye la prevención y la cura de enfermedades, la conservación de un estado sano y la búsqueda de un óptimo bienestar.

Si usted desea más información acerca de métodos holísticos, le sugerimos consultar los siguientes libros (incluidos en la bibliografía): Bliss, *et al.* (1985); Clinebell (1984); Emmons (1978); Hastings, *et al.* (1980); Pelletier (1979); Ulene (1979).

¡Lo incitamos a desarrollar un estilo de vida asertivo y a cuidar su salud holísticamente!

La asertividad y el sentido común

En este libro, hemos concentrado nuestra atención en la acción. Cuando iniciamos el entrenamiento en asertividad a fines de los años sesentas, descubrimos que era un procedimiento eficaz para las personas a quienes se les dificultaba expresar sus sentimientos. La mayoría de ellas eran tímidas, inseguras y renuentes a tomar sus propias decisiones o acciones. Para nosotros, el método más eficaz era "activarlas", hacerlas recobrar la confianza en sí mismas, enseñarlas a defender sus derechos, a hablar y a responder cuando fuera necesario.

Después de un tiempo, nos percatamos de que muchas personas tomaban la asertividad como pretexto para actuar agresivamente, o por lo menos, tontamente. Algunos entrenadores pedían como tarea a sus alumnos ir a un restaurante y pedir sólo un vaso de agua o ir a una gasolinera y pedir sólo que lavaran las ventanillas de su auto (en esos días, las gasolineras ofrecían este servicio).

Aboguemos, pues, por el uso del sentido común.

No manipule. La asertividad puede lograr mucho si se emplea apropiadamente. Pero no debe ser usada como un instrumento para manipular, o para "salirse con la suya" a expensas de otros (agresividad), o como un comportamiento constante.

No lo convierta en una rutina. No es necesario actuar con asertividad todo el tiempo. Sería muy aburrido para usted y los demás tener que soportar que usted se hiciera escuchar en todo momento. Emplee la asertividad como un instrumento más en su repertorio de comportamientos, una forma de actuar a la que usted pueda recurrir cuando sea importante y necesario hacerlo. ¡Todos los días, hasta el caviar aburre!

Sea amable. Amabilidad es un término extraño en nuestros días; tal parece que ya no está de moda. Siempre ha sido nuestra intención ayudar a las personas a aprender a tratarse con respeto, tacto y amabilidad. El objetivo de una conducta asertiva, especialmente para quienes han sido manipulados y "usados" por los demás, era ayudarlos a recobrar el respeto perdido.

La asertividad *no* es incompatible con la amabilidad, la comprensión, la compasión, la empatía o la educación. Un verdadero estilo asertivo de vida considera y respeta los derechos de los demás. El término "asertividad empática" se usa para describir aquellas formas de expresión dirigidas especialmente a las necesidades de otras personas.

Sea usted mismo. Un número infortunado de personas interpretan la asertividad como un concepto monolítico, como si existiera una sola manera de definir este tipo de comportamiento. En el capítulo 4 hablamos de esto; sin embargo, aquí queremos subrayarlo pugnando por el reconocimiento de las diferencias individuales.

Todos poseemos una visión singular del mundo; esto es parte del gozo de la experiencia humana. No trate de moldear a otros según la imagen que usted tenga de ellos. No dé por hecho que existe una sola posibilidad de actuar con asertividad en una situación dada. Permita que los demás elijan el modo en el que quieren comportarse, sea asertivo o no. El tipo de "caricia" adecuado depende de la persona.

Sea persistente, pero no exagere. Uno de los más importantes, pero más descuidados aspectos de la asertividad es la persistencia. Rara vez es suficiente sólo pedir lo que deseamos. Tal vez tenga que pedirlo otra vez, dirigir su solicitud a alguien con más autoridad, escribir una carta, o presionar por medio de otra agrupación o sociedad (procuraduría del consumidor, oficina de quejas).

¿Es realmente importante su petición? Entonces insista si no obtuvo respuesta la primera vez. Hable con el director; con el presidente de la compañía. Recuérdele a su vecino que no ha hecho nada acerca de la situación con su perro. Asegúrese que su jefe no ha olvidado su aumento.

No olvide ser persistente de un modo asertivo; importunar o quejarse puede ser una forma de agresión.

Practique, pero no se perfeccione. Algunas formas de respuestas asertivas pueden parecer mecánicas y ensayadas. Aunque recomendamos que usted practique conforme vaya desarrollando su asertividad, consideramos también importante desarrollar un estilo personal, integrar la asertividad con su manera única de relacionarse con los demás. Si usted da la impresión de repetir lo dicho en nuestro libro o de leer un "guión para situaciones asertivas", perderá credibilidad y nadie lo tomará en serio.

No se convierta en psicoanalista. ¡No intente "psicoanalizar" a nadie! Algunas personas tienden a intentar pensar "psicológicamente", a adivinar las reacciones de los demás y tratar de moldear su conducta de acuerdo con lo que ellos consideran que afectará a otros. Ni siquiera los mismos psicoanalistas pueden lograrlo. No, más bien trate de ser usted, de actuar con asertividad y tomar en cuenta las necesidades y los derechos de los demás.

La gran comunidad humana

Thornton Wilder, en su famosa obra, *Our Town* (Nuestro pueblo), dio como dirección de uno de sus personajes principales la siguiente: "Janet Crofeet, Granja de los Crofeet, Condado de Sutton, New Hamsphire, Estados Unidos de América, Continente Americano, Planeta Tierra, Sistema Solar, Universo, Pensamiento Divino". De este modo, Wilder nos muestra un admirable sentido de ciudadanía universal; muy pocos hemos considerado de esta forma nuestras relaciones con toda la comunidad humana.

¿Es posible manejar siquiera este concepto inalcanzable? ¿En qué sentido soy ciudadano del mundo? Puedo ver y hablar con los vecinos de mi comunidad. Puedo visitar, con poca dificultad, a personas de estados aledaños, incluso del otro lado del país y, si soy afortunado, del mundo. Puedo compartir los servicios públicos, votar en elecciones locales, estatales y nacionales; compartir mi herencia cultural e histórica con otros ciudadanos de mi país. ¿Qué tengo en común con los habitantes de Namibia, Lituania o Sri Lanka? ¿Realmente los considero mis hermanos y hermanas como parte de la humanidad?

Ningún individuo puede existir aislado. Ninguno de nosotros posee el conocimiento, las habilidades o los recursos personales necesarios para funcionar con una independencia total dentro del mundo. Somos interdependientes y nuestra asertividad tiene que tomar en cuenta y respetar tanto las necesidades de nuestros vecinos como las propias.

Aun sin la evidencia que nos ofrecen las fotografías tomadas desde el espacio exterior, por los encabezados de los periódicos es fácil darse cuenta de la fragilidad de nuestro planeta. Observamos los esfuerzos continuos de los gobiernos de muchas naciones para mantener la paz mundial y cierto equilibrio del orden en el planeta.

Asimismo, nos damos cuenta de la facilidad con la que la violencia y la lucha por el poder destruyen dicho equilibrio.

Existen tantos problemas internacionales sin resolver, esperando acciones asertivas de aquellos lo suficientemente valientes para trascender los límites nacionalistas y asumir el liderazgo resolviendo conflictos, en lugar de ostentar poder. El hambre, la pobreza extrema, la sanidad, la eliminación de desperdicios nucleares y peligrosos... y así interminablemente.

Los principios de la asertividad analizados en este libro también se aplican en este nivel. Probablemente usted encuentre que la asertividad lo ha ayudado con sus relaciones y su vida personal. Lo instamos a demostrar su agradecimiento por esta ayuda tomando acciones asertivas como ciudadano del mundo. Escriba cartas apoyando a las autoridades que estén tomando medidas importantes para solucionar los conflictos. Mantenga comunicación con los representantes que haya elegido y exprese sus puntos de vista.

Trate de reemplazar la agresión con asertividad cuantas veces pueda. Tal vez usted elija luchar por un control más estrecho del uso de armas de fuerza o por la reducción de la violencia en televisión. Algunas personas participan en manifestaciones en contra de plantas nucleares o la proliferación de armamento. Quizá quiera luchar porque la iniciativa privada sustituya a la burocracia gubernamental incapaz de proveer los servicios necesarios. La igualdad de derechos para las mujeres y otras minorías puede ser su preocupación. Su apoyo a los programas de intervención en crisis por violación y entrenamiento a los padres para proteger a sus hijos siempre será muy valioso.

El principio de la asertividad está muy bien establecido y constituye un elemento vital de la historia de la cultura occidental. Cuando las tentativas para cambiar situaciones intolerables han fallado, el espíritu de desobediencia civil posee una herencia orgullosa. Henry David Thoreau es el "santo patrón" de la desobediencia civil. Pero no vayamos lejos: la Declaración de Independencia e innumerables sucesos históricos son prueba palpable.

Obviamente, un principio vital de tales acciones es la disposición individual a aceptar las consecuencias. Ejemplos de tal responsabilidad y asertividad pública en el siglo veinte son: Mahatma
Ghandi, Martin Luther King, Desmond Tutu y Lech Walesa.
Cualquiera que sea nuestro punto de vista sobre sus actos, debemos
ponernos de pie ante quienes han mostrado sus más profundas
creencias públicamente viviendo de acuerdo con ellas, preocupán-
dose más por el bienestar de la humanidad que por su seguridad y
comodidad individuales.

Por último, cualquier acción que beneficie a la humanidad nos
beneficiará a nosotros por igual. Si yo actúo con asertividad para mejorar un mal social, habré actuado en beneficio de todos los miembros
de la sociedad, incluyéndome a mí mismo. Por tanto, una acción
asertiva, en su mejor sentido es, a la vez, egoísta y generosa.

Existe una infinidad de causas por las que vale la pena luchar.
Si su asertividad termina cuando le sirven la carne bien preparada
o le dan el cambio correcto, quizá su vida sea más placentera tem-
poralmente, pero no será significativa.

Oliver Wendell Holmes pone esto en perspectiva (perdón por
el lenguaje sexista):

"Un hombre debe tomar parte en las acciones y pasiones de su
tiempo o enfrentar el riesgo de ser juzgado por no haber vivido."

Algunos otros pensamientos sobre la vida asertiva

A Tolstoi se le ha dado el crédito por haber mencionado que el
comportamiento puede considerarse moral si es independiente de
cualquier ventaja previsible para nosotros o para otros. Esto también se puede aplicar a las acciones asertivas. ¿Existen ocasiones en
las que es necesario sacrificar nuestros propios valores para poder
sobrevivir?

Considere la siguiente situación:

Usted se encuentra a punto de finalizar una difícil carrera de
tres años. Además del tiempo y el esfuerzo que usted ha invertido,

ha consumido sus ahorros y se encuentra en deuda, lo cual ha provocado tensión en su matrimonio y problemas con sus dos hijos. Sin embargo, parece que el esfuerzo ha valido la pena, ya que ahora está capacitado para incursionar en un campo más importante con oportunidades para el futuro, buen salario, seguridad y excelentes prestaciones.

Su último obstáculo es el examen final, administrado por los sinodales de la facultad. Durante el examen oral, sus respuestas son satisfactorias casi hasta el final. Uno de los más importantes e influyentes miembros de la facultad le hace una pregunta acerca de un tema controvertido. En ese campo, recién se han desarrollado nuevas técnicas pero esta persona es muy conservadora, piensa que todas las innovaciones son inútiles, y le desagrada cualquier técnica que se oponga al punto de vista tradicional. Varios candidatos han sido reprobados por poseer diferentes puntos de vista. Usted ha estudiado esta técnica a conciencia y cree decisivamente que representa una gran mejoría y que acabará por reemplazar el antiguo sistema.

¿Debe sacrificar sus propios valores respondiendo como el examinador espera? o ¿debe poner su futuro en peligro defendiendo sus creencias?

Si es necesario y legítimo hacer a un lado sus propios valores en ciertas ocasiones, ¿debe usted hacerlo durante largo tiempo?

Consideremos también a las demás personas involucradas. ¿Ha pensado en su familia? (en este ejemplo). Si su asertividad pone en peligro el bienestar de las personas de las que usted es responsable, ¿cuáles son sus derechos y responsabilidades?

Si en una clase de inglés usted posee información acerca de un tema que nadie más conoce, ¿actuará no asertivamente si elige no decir nada para no pasar como un "sabelotodo"? ¿Cambia su responsabilidad moral si la clase es sobre política mundial? ¿Ingeniería? ¿Primeros auxilios, cirugía del corazón, farmacología?

Acaso la clave para decidir sea si su acción asertiva cambiará o no la situación. Quizá lo mejor sea que todos aceptemos el hecho de que es mejor dejar algunas cosas como están.

Reinhold Niebyhur tal vez lo dijo de la mejor manera en la frase ya citada: "Dios mío, danos la serenidad para aceptar lo que no podemos cambiar, el valor para cambiar lo que debemos cambiar y la sabiduría para distinguir la diferencia".

Más allá de la asertividad

Suficiente. El resto depende de usted.
Recuerde:

...La asertividad, como cualquier otro comportamiento social, se aprende. Usted puede cambiar si así lo desea.
...Cambiar es difícil. Suele ocurrir lentamente y poco a poco. No trate de abarcar demasiado a la vez. Siempre fije metas realistas.
...No existen respuestas mágicas. La asertividad no siempre funciona (ni siquiera para nosotros), ¡pero casi siempre es la mejor alternativa! No permita que los fracasos iniciales lo desanimen para tratar nuevamente.
...Felicítese usted mismo cuando realice cambios en su vida. Hasta el logro más insignificante merece consideración.
...No titubee al pedir ayuda, incluyendo la de un profesional de ser necesario. Todos necesitamos ayuda algunas veces.
...Usted está trabajando con un recurso invaluable: usted mismo. ¡Cuídese!

Usted es un individuo único, con su propia talla, físico, color, edad, antecedentes étnicos y culturales, sexo, estilo de vida, educación, ideas, valores, ocupación, relaciones, pensamientos y comportamientos. En este libro hemos tenido que generalizar mucho. El entrenamiento en asertividad no lo es todo para todos. *Usted* tiene que decidir lo que es relevante para usted mismo. Si elige emplear la asertividad como un instrumento para convertirse en la persona que usted quiere ser, debe también decidir cómo aplicar estos principios en su propia vida.

Recuerde que la asertividad no es un instrumento para manipular, intimidar a otros o salirse con la suya. Es una forma de luchar por sus propios derechos, de expresar su enojo, de acercarse a otras personas, de lograr igualdad en sus relaciones, de expresar su afecto y ser más directo. Y lo más importante, es una forma de convertirse en la persona que usted desea ser, de sentirse bien consigo mismo y de demostrar su interés y respeto por los derechos de los demás.

APÉNDICES

APÉNDICE A

LA ASERTIVIDAD REQUIERE PRÁCTICA

Las situaciones de la vida real que presentamos a continuación son problemáticas para muchas personas y requieren un comportamiento asertivo. Cada una de ellas incluye tres alternativas de respuesta, clasificadas como no asertiva, agresiva y asertiva.

Estas situaciones están diseñadas para que usted las practique de acuerdo con el método descrito en el capítulo 12. Seleccione las situaciones adecuadas a sus necesidades. Trabaje con lentitud, paso a paso. Use su imaginación para detallar más la situación que esté leyendo.

Siga los pasos 4 al 7 del capítulo 12, utilizando las alternativas de respuesta que sugerimos en cada caso y otras que se le ocurran. Actúe usted cada situación siguiendo lo descrito en los pasos 8, 9, 11 y 12 del mismo capítulo. Después, practique los pasos restantes del proceso.

Los ejemplos se agrupan de acuerdo con varios tipos de situaciones: familiar, del consumidor, del trabajo, escolar, comunitaria y social. Hemos incluido sólo unos pocos ejemplos, aunque el número de éstos y de categorías es tan amplio como la vida misma. Le instamos a que invente usted otros ejemplos para poder practicar más.

Situaciones familiares

Fiesta nocturna. Cinco amigas de su hija de 12 años se quedan a dormir en su casa. Son las 2 a.m. y las muchachas, que deberían estar dormidas, continúan haciendo ruido.

Alternativas de respuesta:

a) Usted da vueltas en la cama, deseando que su esposa se levante y diga algo a las niñas. Está verdaderamente furioso pero se queda acostado tapándose los oídos.

b) Saltando de la cama, va usted al cuarto de las niñas y las regaña furiosamente, especialmente a su hija.

c) Con voz firme para darles a entender que el asunto es serio, les dice a las niñas que ya ha tenido bastante por un día. Les hace ver que tiene que levantarse temprano y que todos necesitan dormir.

Tarde para la cena. Su esposo debería haber llegado a casa para cenar después del trabajo. En lugar de hacerlo, llega horas más tarde diciendo que salió con sus amigos. Es obvio que se le pasaron las copas.

Alternativas de respuesta:

a) No le dice nada sobre su actitud inconsciente; sencillamente, comienza a prepararle algo de comer.

b) Gritando, manoteando y llorando, le dice a su esposo que es un borracho a quien no le importa lo que usted siente y es un mal ejemplo para los niños. Le pregunta qué van a pensar los vecinos y le dice que se prepare su propia cena.

c) Con calma y firmeza, le dice que debió haberle llamado para informarle que iba a tomar un trago con sus amigos y probablemente llegaría tarde. Le indica que su cena fría está en la cocina y añade que le gustaría tratar el asunto la mañana siguiente, lo cual cumple.

Familiar de visita. La tía Margarita, con quien no gusta usted pasar mucho tiempo, está al teléfono y le informa que ha decidido pasar tres semanas con usted a partir de la próxima.

Alternativas de respuesta:

a) Usted piensa: "¡No, por favor!" pero le dice que le encantará tenerla en casa por el tiempo que ella desee.

b) Le dice que los niños tienen catarro, que la cama extra tiene un resorte roto y que planean ir a visitar al tío Enrique el fin de semana, nada de lo cual es verdad.

c) Le contesta: "Nos encantará recibir tu visita el fin de semana, pero no podemos invitarte a quedarte por más tiempo. Una visita corta nos alegrará a todos y nos dejará con el deseo de volver a verte pronto. Además, tenemos muchas actividades en la escuela y la comunidad que consumen la mayor parte de nuestro tiempo después del trabajo".

Pasada la media noche. Su hijo adolescente llega de una fiesta a las tres de la mañana. Usted estuvo muy preocupado, principalmente por la seguridad del muchacho, puesto que habían quedado en que llegaría antes de la media noche.

Alternativas de respuesta:

a) Se da la vuelta y vuelve a dormirse.

b) Le grita: "¿De dónde demonios vienes? ¿Tienes idea de qué hora es? No he podido dormir toda la noche. ¡Eres un desconsiderado, inconsciente, vago bueno para nada! ¡Debería echarte a dormir a la calle!".

c) Le dice: "Me has tenido muy preocupado, hijo. Dijiste que llegarías antes de las doce. ¿Te encuentras bien? Debiste haberme llamado. Mañana discutiremos tus horas de llegar a casa".

Situaciones del consumidor

Corte de cabello. El peluquero acaba de cortarle el cabello y le muestra el resultado en un espejo. Usted desea que le corte un poco más a los lados.

Alternativas de respuesta:

a) Asiente con la cabeza y dice que está bien.

b) En forma ruda, demanda que el peluquero haga mejor su trabajo y sarcásticamente añade: "No se molestó mucho en cortar a los lados, ¿verdad?".

c) Le indica que le gustaría el pelo más corto a los lados.

Cambio equivocado. Al salir de una tienda se da usted cuenta que le dieron mal el cambio y le faltan tres pesos.

Alternativas de respuesta:

a) Deteniéndose un momento, trata usted de decidir si vale la pena regresar y reclamar los tres pesos. Después de unos minutos, decide que no y continúa su camino.

b) Regresa al establecimiento y en voz alta reclama su dinero al tiempo que comenta en forma agresiva que "hay cajeros que no saben sumar".

c) Regresa al establecimiento y, mostrando el cambio que recibió, le hace notar al cajero que le faltan tres pesos.

Esperando su turno. Se encuentra usted parado cerca del cajero en una tienda, esperando su turno para pagar y que le envuelvan el artículo que compró. El cajero atiende a otras persons que llegaron después que usted y ya se está cansando de esperar.

Alternativas de respuesta:

a) Se rinde usted y decide no comprar el artículo.

b) Grita: "Qué mal servicio dan en esta tienda", tira el artículo que pretendía comprar sobre el mostrador y sale furioso de la tienda.

c) En voz lo suficientemente alta como para que le escuchen, le dice al cajero: "Yo estaba antes de las personas que acaba de atender. Por favor, atiéndame a mí ahora".

224

Entrevistas por teléfono. Se encuentra usted en casa planeando pasar un día de relajamiento. Suena el teléfono; al contestar, una voz le dice su nombre completo y pregunta si es usted esa persona. La llamada parece importante. La otra persona le dice: "Hablamos de la Revista Hogar. Estamos haciendo una encuesta y nos gustaría que contestara algunas preguntas. ¿Conoce usted nuestra revista?" El incidente le molesta.

Alternativas de respuesta:

a) Contesta amablemente, no interrumpe y responde a todas las preguntas. Después de unos momentos, se da cuenta de que no se trata de ninguna encuesta sino que intentan venderle una suscripción. La llamada dura diez minutos.

b) Grita: "¡Son ustedes muy impertinentes! ¿Acaso no saben lo que es la privacía?" y cuelga el auricular violentamente.

c) Firmemente le indica a la persona que no está usted interesado. Él insiste: "Únicamente deseo hacerle algunas preguntas". Usted repite con firmeza: "No estoy interesado, gracias", y cuelga el auricular.

Situaciones de trabajo

Horas extra. Usted y su pareja tienen un compromiso esta noche, planeado hace varias semanas. Piensa salir de la oficina con toda puntualidad. Sin embargo, durante el día, su supervisor le pide quedarse hasta tarde para trabajar en un proyecto especial.

Alternativas de respuesta:

a) Usted no menciona sus planes y acepta quedarse hasta terminar el trabajo.

b) Abruptamente y con voz nerviosa usted responde: "¡No, no puedo quedarme hasta tarde esta noche!". Añadiendo un breve comentario criticando la falta de planeación del supervisor, continúa trabajando.

c) Con voz firme y agradable, usted explica que no puede quedarse a trabajar tarde debido a sus planes previos, pero ofrece tratar de encontrar otra solución.

Pasión no deseada. Uno de sus compañeros de trabajo ha estado haciéndole proposiciones sexuales. Usted no está interesada en lo más mínimo y se siente acosada.

Alternativas de respuesta:

a) Cambia su estilo de vestir por uno más conservador, cambia el estilo de su peinado y mira hacia abajo cada vez que esta persona se acerca.

b) La próxima vez que sufre una de sus proposiciones, usted responde: "¡Te odio!" "¡Deja ya de molestarme!" "¡Además, eres la persona menos atractiva que he visto en mi vida!".

c) Después del último incidente, usted se sienta y habla calmadamente con la persona. Le explica que se siente acosada y que esa situación le es intolerable; cita ejemplos. Finalmente, le dice que si continúa haciéndolo, usted tendrá que reportarlo.

Actuación deficiente. El trabajo de uno de sus empleados ha bajado de calidad recientemente. Usted decide hacer algo acerca de la situación antes de que sea demasiado tarde.

Alternativas de respuesta:

a) "Me da pena tener que hablar de esto, pero sé que debes tener una muy buena razón para la reciente baja en tu desempeño".

b) "La situación entre nosotros no va bien, últimamente me has disgustado con tu trabajo tan deficiente. Si no tratas de remediarlo pronto, tendrás que buscar otro empleo."

c) "Estoy muy preocupado por tu actuación en el trabajo últimamente. No recibirás un aumento este periodo. Vamos a analizar lo que está pasando y acordar las mejoras que puedes hacer en el futuro".

Errores en el trabajo. Usted ha cometido un error en su trabajo. Su supervisor lo descubre y de una manera ruda le hace ver que debió haber sido más cuidadoso.

Alternativas de respuesta:

a) Disculpándose exageradamente, usted dice: "Lo siento. Fui un estúpido. Qué tontería. No permitiré que suceda otra vez".

b) Montando en cólera, usted dice: "¿Quién es usted para criticar mi trabajo? ¿Desde cuándo es perfecto? Déjeme en paz y no me moleste más. ¡Soy capaz de hacer mi propio trabajo solo!".

c) Usted acepta haber cometido el error diciendo: "Fue mi error; seré más cuidadoso en el futuro. Sin embargo, me parece que usted está siendo demasiado duro al respecto y no veo necesidad de ello".

Retrasos. Uno de sus empleados ha estado llegando tarde los últimos tres o cuatro días.

Alternativas de respuesta:

a) Murmura para sí mismo o se queja con otros acerca de la situación, pero no dice nada a la persona, esperando que corrija su conducta.

b) Reprende al trabajador indicándole que no tiene derecho de aprovecharse de usted y que es mejor que corrija el problema pronto o tendrá que despedirlo.

c) Usted señala haberse dado cuenta de los retrasos y le pregunta: "¿Hay alguna razón que yo deba saber? Usted tiene que llegar a tiempo; y debió hablar conmigo para explicarme la situación, en lugar de ignorarme no mencionando nada".

Situaciones escolares y comunitarias

Hable más fuerte. En una conferencia con 300 alumnos, el profesor habla muy quedamente y tanto usted como muchos otros tienen dificultad para escuchar lo que dice.

Alternativas de respuesta:

a) Usted sigue esforzándose por escuchar y acaba por acercarse más al estrado, pero no menciona nada.

b) Usted grita: "¡Más fuerte!".

c) Usted levanta la mano para llamar la atención del profesor y le pide que hable en un tono más fuerte.

Aclaración. Durante una junta en el Club de Leones, el presidente explica el procedimiento para el concurso anual de oratoria para preparatoria. Usted está confuso por algunos de los puntos tocados y cree que él ha descrito las reglas incorrectamente.

Alternativas de respuesta:

a) Usted no dice nada, pero se siente contrariado y más tarde revisa sus anotaciones del concurso del año anterior.

b) Usted interrumpe diciéndole que está equivocado, señala el error y lo corrige de acuerdo con su propio conocimiento del concurso. Su tono es burlón y las palabras que usa obviamente hacen que el otro se incomode.

c) Usted le pide que explique los procedimientos más a fondo, expresando su confusión y mencionando la fuente de su información.

Moral. Usted es una de once personas en un grupo que discute la sexualidad humana. Los conceptos que tres o cuatro personas apoyan son contrarios a sus principios morales.

Alternativas de respuesta:

a) Escucha con atención sin expresar su desacuerdo abiertamente ni mencionar sus propios puntos de vista.

b) Usted expresa en voz alta su desacuerdo por lo que se ha dicho. Defiende sus propias creencias con fuerza y trata de hacer que los demás acepten su punto de vista como si fuera el único correcto.

c) Usted defiende lo que cree, identificándose con un punto de vista aparentemente impopular, pero sin desdeñar las creencias de los demás.

"La señora sabelotodo". Como miembro del comité de embellecimiento de la comunidad, usted está extremadamente molesto por el continuo control de la discusión por parte de la señora Gutiérrez, quien tiene "la respuesta" para todo. La señora ha comenzado de nuevo y, como de costumbre, nadie se atreve a decir nada durante varios minutos.

Alternativas de respuesta:

a) A pesar de su creciente irritación, no dice usted nada.

b) Explota y rudamente acusa a la señora Gutiérrez de "no darle oportunidad de hablar a nadie" al tiempo que califica sus ideas de "anticuadas y tontas".

c) La interrumpe usted diciendo: "Discúlpeme, señora Gutiérrez, pero quiero decirle que me irrita que usted siempre acapare el tiempo que tenemos en las juntas". Dirigiéndose a ella en forma directa, así como a los demás miembros del comité, usted sugiere un procedimiento de discusión que dé a todos la oportunidad de participar e impida que una sola persona domine la discusión.

Situaciones sociales

Rompiendo el hielo. En una fiesta donde no conoce usted a nadie, excepto al anfitrión, quisiera entablar conversación con algunas personas y hacer amistad. Se dirige a un grupo de tres invitados que se encuentran charlando.

Alternativas de respuesta:

a) Se para usted junto a ellos y sonríe, pero no dice nada, esperando que ellos lo noten.

b) Escucha usted el tema de conversación e interrumpe contradiciendo la opinión de una de las personas del grupo.

c) Interrumpe la conversación y se presenta.

d) Espera usted una pausa en la conversación, se presenta y pregunta si puede unirse al grupo.

Para conseguir una cita. Le gustaría invitar a una muchacha, a quien conoció recientemente, a salir con usted.

Alternativas de respuesta:

a) Se sienta usted frente al teléfono, ensayando mentalmente lo que dirá y cómo responderá ella. Varias veces comienza a marcar su número telefónico y casi termina de hacerlo. Finalmente, desiste y cuelga el auricular.

b) La llama por teléfono y, tan pronto como ella contesta, le dice: "Hola, nena, ¡sí que nos vamos a divertir este fin de semana!". Sorprendida, ella pregunta: "¿Quién habla?".

c) Llama por teléfono y, cuando ella contesta, le informa quién es usted y le pregunta cómo le va en la escuela. Ella responde: "Bien, pero estoy preocupada por un examen que tengo que presentar". Siguiendo la pauta, hablan sobre el examen por unos minutos. Después, le dice que le gustaría mucho ir con ella a un espectáculo el viernes por la tarde.

Humo en los pulmones. Se encuentra usted en una junta en un gran salón. Un hombre entra y, aspirando con fruición su enorme habano, toma asiento junto a usted. El humo le molesta sobremanera.

Alternativas de respuesta:

a) Se resigna con abnegación a inhalar el humo del habano en silencio, pensando que el señor está en su derecho de fumar si así lo desea.

b) Se enfada usted mucho y exige al hombre que se siente en otra parte o que apague su habano, al tiempo que predica usted en voz alta sobre los daños a la salud provocados por el tabaquismo.

c) Firmemente, aunque con propiedad, le pide que se abstenga de fumar, ya que el humo le incomoda.

d) Pide al señor que tome asiento en otra parte si es que quiere continuar fumando, porque usted llegó antes.

Situaciones familiares

Hijo terrorista. La maestra de la escuela preprimaria le informa que su hijo gusta de golpear a los otros niños. En casa, él hace lo que le viene en gana, no come apropiadamente, molesta a los animales domésticos y no se va a la cama cuando debe.

Alternativas de respuesta:

a) Habla con su hijo en tono amable y le dice que no es bueno que golpee a otros niños. Él responde que ellos son malos y se disculpa. Después, su hijo se sienta en sus piernas y usted exclama: "¡Qué lindo eres! ¡Te quiero mucho!".

b) Violentamente toma al niño de un brazo y le dice que si continúa golpeando a los demás le dará usted una paliza hasta que no pueda sentarse en un mes.

c) Después de hablar sobre el asunto con la profesora y haber descartado alguna causa física, decide que toda la familia debe consultar a un psicólogo.

Dinero de plástico. La situación financiera es difícil. Cuando recibe usted el estado de cuenta de su tarjeta de crédito, descubre que su esposa ha gastado demasiado, comprando artículos innecesarios.

Alternativas de respuesta:

a) Va usted al banco y retira la misma cantidad de dinero de la cuenta mancomunada. Después de gastarlo, siente que ha consumado su venganza. Nunca menciona el problema de la tarjeta.

b) Recuerda que usted también ha gastado de más en otras ocasiones. Se siente molesto pero decide ser comprensivo esta vez.

c) Escoge usted un momento adecuado para hablar de la situación financiera familiar y dice a su compañera que lo que gastó le sorprendió. Le pide una explicación y expresa su deseo de llegar a un acuerdo razonable para el uso de la tarjeta de crédito.

Relaciones sexuales con problemas. Durante los pasados seis meses, su esposo ha perdido el interés sexual. Han hecho el amor cada vez menos y él no muestra ni entusiasmo ni ternura. Usted ha tratado por todos los medios de motivarlo pero todo ha fallado.

Alternativas de respuesta:

a) Decide actuar de la misma manera. Se muestra indiferente, se queja abiertamente con sus amigas y critica a su marido enfrente de los niños por asuntos intrascendentes.

b) Su resentimiento ha llegado al límite. Una noche, después de un episodio de aburridas relaciones íntimas, se queja usted violentamente. Su marido contesta en igual forma y la discusión se prolonga por horas. Finalmente, se va usted a dormir al sofá y continúa iracunda toda la mañana siguiente.

c) En estilo firme, pero no agresivo, habla usted con su marido honesta y abiertamente sobre sus sentimientos. También sugiere que consulten a un consejero matrimonial o se inscriban en sesiones de terapia para resolver el problema.

Resumen

Hemos presentado un amplio margen de situaciones que requieren asertividad por varias razones importantes:

- Para demostrar que un comportamiento asertivo puede ser utilizado en muchas áreas de nuestras vidas.

- Para mostrarle que las categorías de comportamiento no asertivo, agresivo y asertivo son universales, sin importar la situación específica de que se trate.

- Para animarle a meditar sobre otras situaciones en su vida que requieren un comportamiento asertivo.

- Para ofrecerle ideas sobre cómo actuar en situaciones en que es adecuado conducirse con asertividad.

Quizá no haya tenido problema para verse a sí mismo en muchos de los ejemplos aquí presentados. Es posible que haya reconocido su forma de actuar en muchas de las alternativas de respuesta. Recuerde que nadie es asertivo todo el tiempo. A medida que usted progrese, las fluctuaciones entre su comportamiento no asertivo, agresivo y asertivo disminuirán y desarrollará un estilo asertivo más consistente. Sin embargo, no será usted perfecto. Aun los expertos que escriben libros sobre asertividad tienen dificultades con comportamientos no asertivos y agresivos algunas veces.

APÉNDICE B

DECLARACIÓN UNIVERSAL
DE LOS DERECHOS HUMANOS

Considerando que el reconocimiento de la dignidad inherente y los derechos inalienables y de igualdad de todos los miembros de la familia humana es la base de la libertad, la justicia y la paz mundial,
Considerando que la falta de respeto y el desprecio por los derechos humanos ha provocado actos de barbarie, los cuales han colmado de indignación la conciencia de la humanidad, y que el advenimiento de un mundo en el cual los seres humanos disfruten de libertad de palabra y creencias y estén libres de temor y pobreza se ha proclamado como la más grande aspiración de la humanidad,
Considerando que es esencial que los derechos humanos sean protegidos por la ley para que los hombres no tengan que recurrir como último recurso a la rebelión contra la tiranía y la opresión,
Considerando que es esencial promover el desarrollo de relaciones amistosas entre las naciones,
Considerando que los pueblos representados en las Naciones Unidas han reafirmado en su carta su fe en los derechos fundamentales de los seres humanos, en la dignidad y el valor de la persona humana y en la igualdad de derechos de hombres y mujeres y han decidido promover el progreso social y un mejor estándar de vida en mayor libertad,
Considerando que las naciones miembros se han comprometido a lograr, en cooperación con las Naciones Unidas, el fomento del respeto universal y la observancia de los derechos humanos y las libertades fundamentales,
Considerando que un entendimiento común de estos derechos y libertades es de la mayor importancia para la consumación total de este compromiso,
AHORA, POR LO TANTO, LA ASAMBLEA GENERAL PROCLAMA esta Declaración Universal de los Derechos Humanos como una norma común de logro para todas las personas y todas las naciones, con el fin de que

cada individuo y cada organismo de la sociedad, teniendo siempre esta Declaración en mente, se esfuerce por medio de la enseñanza y la educación, par. promover el respeto por estos derechos y libertades y, por medio de medidas progresistas tanto nacionales como internacionales, asegurar su reconocimiento y observancia efectiva y universal, tanto entre los pueblos de los países miembros como entre los pueblos de los territorios dentro de su jurisdicción.

Artículo 1. Todos los seres humanos nacen libres e iguales en dignidad y derechos. Todos nacen dotados de razón y conciencia y deberán actuar hacia sus congéneres con un espíritu de hermandad.

Artículo 2. Los derechos y libertades expresados en esta Declaración se aplican por igual a todos los seres humanos sin distinción de ninguna especie tales como raza, color, sexo, idioma, religión, opinión política o de otra naturaleza, nacionalidad o grupo étnico, propiedad, nacimiento o cualquier otra categoría.

Asimismo, no se hará ninguna distinción con base en la situación política, de jurisdicción o internacional del país o territorio al que la persona pertenezca, ya sea éste independiente, posesión, colonia o bajo cualquier otra limitante de soberanía.

Artículo 3. Todos tenemos el derecho a la vida, la libertad y la seguridad personal.

Artículo 4. Nadie podrá ser tratado como esclavo ni como siervo; se prohíbe toda forma de esclavitud y tráfico de esclavos.

Artículo 5. Nadie podrá ser sometido a torturas o a tratamiento o castigo inhumano o degradante.

Artículo 6. Todos los seres humanos tienen el derecho de ser reconocidos como personas ante la ley.

Artículo 7. Todos somos iguales ante la ley y tenemos el mismo derecho a su protección, sin ningún tipo de discriminación. Todos tenemos derecho a ser protegidos por la ley contra todo tipo de discriminación en violación de esta Declaración y contra cualquier incitación de la misma.

Artículo 8. Todas las personas tienen el derecho de buscar remedios eficaces en los tribunales nacionales competentes contra actos que violen los derechos fundamentales que les garantizan la constitución y la ley.

Artículo 9. Nadie podrá ser sujeto a arresto, detención o exilio arbitrario.

Artículo 10. Todas las personas tienen igual derecho a una audiencia pública y justa frente a un tribunal independiente e imparcial para determinar sus derechos y obligaciones y en respuesta a cualquier cargo de delito contra ellas.

Artículo 11. (1) Cualquier persona acusada de delito penal tiene el derecho de ser considerada inocente hasta que se pruebe su culpabilidad en un juicio público, en el cual tenga todas las garantías necesarias para su defensa.

(2) Nadie podrá ser considerado culpable de delito penal por efecto de algún acto u omisión que no constituya un delito ante la ley, nacional o internacional, en el momento de cometerlo. Tampoco se podrá imponer una sentencia mayor que la que existía cuando el delito penal se cometió.

Artículo 12. Nadie podrá ser sujeto a intromisión arbitraria en su privacía, su familia, su hogar o su correspondencia, ni a ataques a su honor y reputación. Todas las personas tienen el derecho a la protección de la ley contra tales intromisiones o ataques.

Artículo 13. (1) Todos tenemos el derecho a la libertad de transporte y residencia dentro de los límites de cada nación.

(2) Todos tenemos el derecho de salir de cualquier país, incluyendo el propio y poder retornar a él.

Artículo 14. (1) Todos los seres humanos tienen el derecho de buscar y conseguir asilo en otros países para escapar de la persecución.

(2) Este derecho no puede ser invocado en el caso de persecuciones genuinas por delitos no políticos o por actos contrarios a los propósitos y principios de las Naciones Unidas.

Artículo 15. (1) Todos tenemos derecho a una nacionalidad.

(2) Nadie será privado arbitrariamente de su nacionalidad ni de su derecho a cambiarla.

Artículo 16. (1) Todos los hombres y mujeres mayores de edad tienen derecho al matrimonio y a formar una familia, sin distinción de raza, nacionalidad o religión. Ambos disfrutan de los mismos derechos al matrimonio, durante el matrimonio y en su disolución.

(2) El matrimonio se llevará a cabo sólo con el consentimiento libre y total de ambos solicitantes.

(3) La familia es el grupo fundamental y natural de la sociedad y tiene el derecho a la protección de la sociedad y del Estado.

Artículo 17. (1) Todas las personas tienen el derecho a la propiedad, tanto individualmente como en asociación.

(2) Nadie podrá ser arbitrariamente privado de su propiedad.

Artículo 18. Todos los seres humanos tienen el derecho a la libertad de pensamiento, conciencia y religión; esto incluye la libertad de cambiar de religión o creencia, así como la libertad, tanto individual como comunitariamente, en público y en privado, de manifestar su religión o creencias en la enseñanza, la práctica, el culto y la observancia.

Artículo 19. Todas las personas tienen el derecho a la libertad de opinión y de expresión; este derecho incluye la libertad de mantener opiniones sin interferencia y de buscar, recibir e impartir información e ideas por cualquier medio sin consideración de fronteras.

Artículo 20. (1) Todos tenemos el derecho de asamblea y asociación en forma pacífica.

(2) Nadie puede ser obligado a formar parte de una asociación.

Artículo 21. Todas las personas tienen el derecho de participar en el gobierno de su país, directamente o a través de representantes libremente electos.

(2) La base de la autoridad del gobierno debe ser la voluntad del pueblo; esta voluntad se expresará en elecciones periódicas y honestas que se llevarán a cabo por medio del sufragio universal e igualitario; el voto deberá ser secreto o mediante procedimientos equivalentes de votación libre.

Artículo 22. Todos los seres humanos, como miembros de la sociedad, tienen el derecho a la seguridad social y a la realización, por medio de la cooperación nacional e internacional y en concordancia con la organización y recursos de cada Estado, de los derechos económicos, sociales y culturales indispensables para su dignidad y el libre desarrollo de su personalidad.

Artículo 23. (1) Todas las personas tienen el derecho al trabajo, a la libre elección de su empleo, a condiciones justas y favorables en el trabajo y a la protección contra el desempleo.

(2) Todas las personas tienen, sin discriminación de ninguna especie, el derecho a un pago igual por un trabajo igual.

(3) Las personas que trabajan tienen el derecho a una remuneración justa y favorable para asegurar una existencia digna y humana para sí mismas y para sus familias, así como a complementar esto, de ser necesario, por otros medios de protección social.

(4) Todos los trabajadores tienen derecho a formar y a participar en sindicatos para la protección de sus intereses.

Artículo 24. Todos los seres humanos tienen derecho a descansar y al tiempo libre, incluyendo una limitación razonable de horas de trabajo y días de fiesta pagados.

Artículo 25. (1) Todas las personas tienen derecho a un estándar de vida adecuado para la salud y el bienestar propios y de sus familias, incluyendo alimento, vestido, casa y los servicios médicos y sociales necesarios y el derecho al seguro de desempleo, contra enfermedad, incapacidad, viudez, vejez o cualquier otra falta de habilidad para ganarse la vida que resulte de circunstancias fuera de su control.

(2) Tanto la maternidad como la niñez tienen derecho a cuidados y asistencia especiales. Todos los niños, nacidos dentro o fuera de matrimonio, deberán disfrutar de igual protección social.

Artículo 26. (1) Todos tienen derecho a la educación. La educación deberá ser gratuita, por lo menos en las etapas elementales y fundamentales. La educación primaria deberá ser obligatoria. La educación técnica y profesional deberá ser accesible en general; la educación superior deberá, asimismo, ponerse al alcance de todos con base en el mérito personal.

(2) La educación deberá tener como meta el desarrollo completo de la personalidad y el fortalecimiento del respeto por los derechos humanos y libertades fundamentales. Deberá promover el entendimiento, la tolerancia y la amistad entre todas las naciones, así como entre grupos étnicos o religiosos y apoyar las actividades de las Naciones Unidas para mantener la paz.

(3) Los padres tienen derecho prioritario de escoger la clase de educación que darán a sus hijos.

Artículo 27. (1) Todos tenemos el derecho de participar libremente en la vida cultural de la comunidad, de disfrutar de las artes y compartir el avance científico y sus beneficios.

(2) Todos tenemos el derecho a la protección de nuestros intereses morales y materiales emanados de cualquier producción científica, artística o literaria de la cual seamos autores.

Artículo 28. Todos los seres humanos tienen el derecho a un orden social e internacional que garantice el cumplimiento de los derechos y libertades expresados en esta Declaración.

Artículo 29. (1) Todas las personas tienen deberes para con aquella comunidad en la que puedan desarrollar su personalidad por completo.

(2) En el ejercicio de sus derechos y libertades, todas las personas deberán estar sujetas sólo a limitantes determinadas por la ley, cuyo único propósito sea el de asegurar el reconocimiento y el respeto de los derechos y libertades de los demás, y de llenar los justos requerimientos de la moral, el orden público y el bienestar general en una sociedad democrática.

(3) Estos derechos y libertades no pueden ser ejecutados en contradicción de los propósitos y principios de las Naciones Unidas.

Artículo 30. Nada en esta Declaración puede ser interpretado como si implicara el derecho del Estado, grupo o persona, de participar en actividades o realizar actos cuyo propósito sea la destrucción de cualquiera de los derechos y libertades aquí expresados.

APÉNDICE C

PRINCIPIOS ÉTICOS ESENCIALES
PARA EL ENTRENAMIENTO EN ASERTIVIDAD

A medida que el Entrenamiento en Asertividad ganaba popularidad a mediados de los años setentas, surgió una preocupación creciente entre los practicantes responsables por el uso indebido del proceso: entrenadores no calificados, intenciones dudosas y clientes no aptos. En una sesión de la *Association for Advancement of Behavior Therapy* (Asociación para el Desarrollo de la Terapia del Comportamiento) llevada a cabo en San Francisco, California, en diciembre de 1975, un grupo de especialistas reconocidos en el EA se dieron cita para trabajar en una declaración de principios éticos. Lo que sigue a continuación es el resultado de ese esfuerzo.

El tema continuó discutiéndose en agosto de 1976 durante la Primera Conferencia Internacional sobre Entrenamiento para un Comportamiento Asertivo en Washington, D.C., y en diciembre de 1976 tuvo lugar otra sesión en la *Association for Advancement of Behavior Therapy* (AABT) en la ciudad de Nueva York. En ambas oportunidades se discutió más a fondo la necesidad de establecer principios éticos para la práctica de la asertividad. Aunque no se llevaron a cabo modificaciones al documento original, sí ha existido una preocupación constante sobre los requerimientos académicos sugeridos en la declaración como necesarios para calificar como entrenador en asertividad. Es probable que se creen criterios con base en la capacidad.

Además, la AABT está preparando una declaración de principios éticos para la práctica en terapia de comportamiento en general, la cual puede tener una aplicación directa en el entrenamiento en asertividad, a pesar de que un número considerable de entrenadores no considera a éste solamente una "terapia de comportamiento".

Mientras tanto, la declaración que presentamos a continuación es aún la única que existe, escrita por un grupo de profesionales, con el propósito de aumentar la responsabilidad ética en la práctica del entrenamiento en asertividad. Instamos a todos los practicantes a considerar sus implicaciones en su propio trabajo.

La creciente popularidad del entrenamiento en asertividad ha resultado en una especie de "moda" y constantemente se informa de entrenadores (así como practicantes) irresponsables y de poca ética. Se tiene noticias de entrenadores quienes, por ejemplo, no distinguen entre asertividad y agresividad. Otros no han fomentado una responsabilidad ética ni advertido y preparado a sus clientes para posibles resultados no deseados, por ejemplo, represalias u otras reacciones altamente negativas de otras personas.

La siguiente declaración de "Principios Éticos para el Entrenamiento en Asertividad" es el trabajo de psicólogos y educadores profesionales, cuyos nombres daremos a continuación y que están activamente comprometidos con el entrenamiento en asertividad (también llamado "terapia asertiva", "entrenamiento en habilidades sociales", "entrenamiento en eficacia personal" y "EA"). Con esta declaración no deseamos desanimar a personas sin entrenamiento a tratar de volverse más asertivas por su cuenta, ni es nuestra intención abogar por una preparación profesional amplia para poder ayudar a familiares y amigos. Por el contrario, queremos señalar estos principios con el propósito de fomentar una enseñanza y una práctica responsables y éticas por parte de los profesionales en servicios para el desarrollo de la personalidad. Queremos motivar a las demás personas que deseen mejorar su propia asertividad o la de sus seres cercanos a hacerlo y a estar conscientes de sus propias limitaciones, así como de la importancia de buscar ayuda profesional de terapeutas y entrenadores cuando sea necesario.

Por tanto, queremos dejar en claro nuestro apoyo y fidelidad a los principios estipulados en esta declaración. Asimismo, deseamos invitar a todos los profesionales responsables, tanto en éste como en otros campos, a utilizar estas técnicas, a unirse a nosotros y abogar por la práctica de estos principios.

Robert E. Alberti, Ph. D.
Michael L. Emmons, Ph. D.
San Luis Obispo, CA

Iris G. Fodor, Ph. D.
Profesora Adjunta de Psicología Educativa
New York University, Washington Square
New York, NY

Linne Garnett, Ph. D.
Psicóloga Consejera
Seattle, WA

Patricia Jakubowski, Ed. D.
Profesora Adjunta de Estudios
del Comportamiento,
University of Missouri
St. Louis, MO

John Galassi, Ph. D.
School of Education
University of North Carolina
Chapel Hill, NC

Janet L. Wolfe, Ph. D.
Directora de Servicios Clínicos
Institute for Advanced Study
in Rational Psychotherapy
New York, NY

Merna D. Galassi, Ed. D.
Meredith College
Raleigh, NC

1. Definición del comportamiento asertivo

Teniendo en cuenta el propósito de estos principios y el marco ético aquí estipulado, definimos el comportamiento asertivo como el conjunto de conductas mostradas por una persona en un contexto interpersonal, las cuales expresan los sentimientos, actitudes, deseos, opiniones o derechos de esa persona en forma directa, firme y honesta, respetando al mismo tiempo los de la otra (u otras) persona(s). Tal comportamiento puede incluir la manifestación de emociones como ira, temor, interés, esperanza, gozo, desesperación, indignación, vergüenza, pero sin herir ni violar los derechos de los demás. El comportamiento asertivo se diferencia de la agresividad, la cual, aunque expresa los sentimientos, actitudes, deseos, opiniones o derechos de una persona, no respeta los de los demás.

Aunque esta definición trata de ser completa, reconocemos que una definición adecuada del comportamiento asertivo debe tener en consideración diferentes rangos:

A. *Intención:* el comportamiento clasificado como asertivo no busca herir a otras personas.

B. *Comportamiento:* el comportamiento asertivo será siempre evaluado por un observador imparcial, directo, expresivo y no destructivo hacia otros.

C. *Efectos:* el comportamiento asertivo es apreciado por el receptor como un mensaje directo, no destructivo, con el cual una "persona razonable" no debe sentirse herida.

D. *Contexto socio-cultural:* el comportamiento asertivo es apropiado al ambiente y la cultura en los cuales tiene lugar y puede no ser considerado "asertivo" en un ambiente socio-cultural diferente.

2. Autodeterminación del cliente

Estos principios reconocen y afirman la dignidad inherente y los derechos inalienables y de igualdad de todos los miembros de la familia humana, proclamados en la Declaración Universal de los Derechos Humanos endosada por la Asamblea General de las Naciones Unidas.

Siguiendo los lineamientos de la Declaración, cada cliente (alumno, paciente) que busque entrenamiento en asertividad deberá ser tratado como una persona de valor, con todas las libertades y derechos expresados en la Declaración. Ningún procedimiento que viole tales libertades o derechos deberá ser utilizado con el nombre de entrenamiento en asertividad.

La autodeterminación del cliente bien informado deberá ser la guía para dicho entrenamiento:

A. El cliente deberá ser informado completamente de todos los procedimientos que se utilizarán;

B. El cliente deberá tener la libertad de elegir participar o abstenerse en cualquier fase del entrenamiento;

C. El cliente que esté internado deberá asimismo ser tratado con respeto y sin coerción, en tanto sea posible dentro de la institución;

D. Se deberá proveer al cliente con definiciones explícitas de la asertividad y el entrenamiento para lograrla;

E. El cliente deberá ser completamente informado en cuanto a la educación, entrenamiento, experiencia u otras credenciales del entrenador en consideración;

F. El cliente deberá ser informado en cuanto a las metas y los resultados potenciales del entrenamiento en asertividad, incluyendo la posibilidad de experimentar altos niveles de ansiedad y probables reacciones negativas por parte de otras personas;

G. El cliente deberá ser informado de las responsabilidades tanto del entrenador como las suyas propias;

H. El cliente deberá ser informado en cuanto a la ética a seguir y el uso de métodos confidenciales en diferentes marcos (por ejemplo, usos clínicos y no clínicos).

3. Requisitos para entrenadores

El entrenamiento en asertividad es un procedimiento esencialmente terapéutico, aunque con frecuencia es practicado en una gran variedad de situaciones por profesionales que no se dedican a dar ningún otro servicio "psicoterapéutico". Aquellas personas en cualquier profesión que se dediquen a ayudar a otros a cambiar su conducta, actitudes y relaciones interpersonales deben comprender el comportamiento humano en una medida equiparable al nivel de profundidad de sus intervenciones.

3.1 Requisitos generales

Apoyamos los siguientes requisitos generales mínimos para entrenadores en todos los niveles (incluyendo "entrenadores en entrenamiento", profesionales o no, que se encuentren preparándose para brindar sus servicios profesionales en cualquier campo del área de humanidades y que puedan estar impartiendo entrenamiento en asertividad bajo supervisión como parte de algún proyecto de investigación o de práctica):

A. Una comprensión esencial de los principios de aprendizaje y del comportamiento humano (equivalente a un curso terminado en nivel universitario sobre teoría del aprendizaje);

B. Una comprensión esencial de la ansiedad y sus efectos en el comportamiento humano (equivalente a un curso terminado en nivel universitario sobre psicología anormal);

C. Conocimiento de las limitaciones, contraindicaciones y peligros potenciales del entrenamiento en asertividad, así como de los principios teóricos y la investigación llevada a cabo en este campo;

D. Se recomienda obtener pruebas satisfactorias de desempeño competente como entrenador, extendidas por un profesional calificado, especialmente para quienes no posean un doctorado o un nivel equivalente de estudios. Tal evidencia puede ser apoyada adecuadamente por:

1. Participación en por lo menos 10 horas de entrenamiento en asertividad como alumno (paciente, cliente);
2. Participación en por lo menos 10 horas de entrenamiento en asertividad como entrenador bajo supervisión profesional.

3.2 Requisitos específicos

Los siguientes puntos específicos son considerados los mínimos requisitos para entrenadores en los niveles indicados de intervención:

A. Entrenamiento en comportamiento asertivo, incluyendo talleres no clínicos, grupos y capacitación individual para quienes sólo requieran motivación y entrenamiento en aptitudes asertivas específicas y quienes no exhiban ningún síntoma patológico o deficiencia emocional.

1. Para entrenadores en programas conducidos bajo el patrocinio de una agencia reconocida de servicios humanitarios, una escuela, una dependencia gubernamental o incorporada, una iglesia, o una organización comunitaria:
   a) Un título profesional en algún campo de humanidades (por ejemplo, psicología, orientación, servicio social, medicina, sa-

lud pública, enfermería, educación, desarrollo humano, teología), incluyendo por lo menos un periodo de experiencia práctica en alguna institución relacionada con el área y bajo la supervisión de un entrenador calificado; o

b) Certificación como ministro de la iglesia, maestro de escuela, trabajador social, médico, orientador, enfermera o psicólogo clínico, consejero educativo o vocacional, o como profesional en áreas relacionadas con el desarrollo de la personalidad reconocido por el estado donde trabaje o por alguna institución reconocida en los terrenos mencionados; o

c) Un año de experiencia con goce de sueldo en una agencia de servicios humanitarios y bajo la supervisión de un entrenador calificado; o

d) Los requisitos numerados 3.2B o 3.2C a continuación.

2. Para entrenadores en programas que incluyan intervenciones en el nivel definido en este punto (3.2A), pero sin patrocinio de una organización o dependencia:

a) Un título profesional en un campo reconocido de servicios humanitarios (por ejemplo, psicología, orientación, trabajo social, medicina, salud pública, enfermería, educación, desarrollo humano, teología), incluyendo al menos un periodo de experiencia práctica en una dependencia de servicio humanitario y bajo la supervisión de un entrenador calificado; y

b) Certificación como ministro de la iglesia, trabajador social, médico, orientador, enfermera o psicólogo clínico, consejero educativo o vocacional, o como profesional en áreas relacionadas con el desarrollo de la personalidad reconocido en el estado donde trabaje o por alguna institución reconocida en los terrenos mencionados; o

c) Los requisitos numerados 3.2B o 3.2C

B. Terapia para el comportamiento asertivo, incluyendo intervenciones clínicas diseñadas con el propósito de ayudar a personas que sufran un grado intenso de inhibición producida por ansiedad, o que exhiban profundas deficiencias en habilidades sociales, o que sean víctimas de agresividad compulsiva, o que den muestras de traumas patológicos, o que requieran otras técnicas terapéuticas:

1. Para terapeutas en programas conducidos bajo el patrocinio de una institución humanitaria, escuela, entidad gubernamental o corporativa, iglesia u organización comunitaria:

a) Un título profesional en algún campo de humanidades (por ejemplo, psicología, orientación, servicio social, medicina, salud pública, enfermería, educación, desarrollo humano, teología), incluyendo por lo menos un periodo de experiencia práctica en alguna institución relacionada con el área y bajo la supervisión de un entrenador calificado; o
b) Certificación como ministro de la iglesia, maestro de escuela, trabajador social, médico, orientador, enfermera o psicólogo clínico, orientador vocacional, o como profesional en áreas relacionadas con el desarrollo de la personalidad, reconocido por el estado donde trabaje o por alguna institución reconocida en los terrenos mencionados; o
c) Los requisitos del punto 3.2C.

2. Para terapeutas que empleen procedimientos en un nivel definido en este punto (3.2B), pero sin el patrocinio de ninguna organización:
   a) Un título profesional en algún campo de humanidades (por ejemplo, psicología, orientación, servicio social, medicina, salud pública, enfermería, educación, desarrollo humano, teología), incluyendo por lo menos un periodo de experiencia práctica en alguna institución relacionada con el área y bajo la supervisión de un entrenador calificado; o
   b) Certificación como ministro de la iglesia, maestro de escuela, trabajador social, médico, orientador, enfermera o psicólogo clínico, orientador vocacional, o como profesional en áreas relacionadas con el desarrollo de la personalidad, reconocido por el estado donde trabaje o por alguna institución reconocida en los terrenos mencionados; o
   c) Por lo menos un año de experiencia con goce de sueldo en una agencia de servicios humanitarios y bajo la supervisión de un entrenador calificado; o
   d) Los requisitos del punto 3.2C a continuación.

C. Entrenamiento para entrenadores, incluyendo preparación de otros profesionales para ofrecer entrenamiento y terapia en asertividad a clientes, en escuelas, agencias, organizaciones o de manera individual.

1. Un doctorado en algún campo de humanidades (por ejemplo, psicología, orientación, servicio social, medicina, salud pública, enfermería, educación, desarrollo humano, teología), incluyendo

por lo menos un periodo de experiencia práctica en alguna institución relacionada con el área y bajo la supervisión de un entrenador calificado; además

2. Certificación como ministro de la iglesia, maestro de escuela, trabajador social, médico, orientador, enfermera o psicólogo clínico, orientador vocacional, o como profesional en áreas relacionadas con el desarrollo de la personalidad, reconocido por el estado donde trabaje o por alguna institución reconocida en los terrenos mencionados; además,

3. Por lo menos un año de experiencia con goce de sueldo en una agencia de servicios humanitarios y bajo la supervisión de un entrenador calificado; además,

4. Estudios avanzados en entrenamiento o terapia de asertividad incluyendo, por lo menos, dos de los tres puntos siguientes:
   a) Al menos treinta horas de entrenamiento a clientes;
   b) Participación en, por lo menos, dos diferentes talleres en sesiones profesionales o en institutos reconocidos de entrenamiento;
   c) Contribución a la literatura profesional en este campo.

3.3 Reconocemos que los orientadores y psicólogos no están certificados por todos los estados. En aquellos estados que no otorgan este reconocimiento, a menos que viole los estatutos locales, se acepta la legitimidad de los profesionistas que: a) llenen los requisitos estipulados en los incisos 3.1 y 3.2; y b) califiquen para su reconocimiento como orientadores o psicólogos en otro estado.

3.4 No consideramos que la participación en uno o dos talleres de comportamiento asertivo, aun conducidos por un profesional titulado, llenen los requisitos para ofrecer entrenamiento en asertividad a otros, a menos que cumpla con los requisitos mencionados en los incisos 3.1 y 3.2.

3.5 Estos requisitos son considerados estándar para los entrenadores profesionales en asertividad. No proponemos ninguna organización que "certifique" o "califique". Más bien, es de la incumbencia de cada profesional evaluarse como entrenador o terapeuta de acuerdo con estos estándares y explicar a sus clientes lo adecuado de su preparación como entrenador.

4. Comportamiento ético de los entrenadores

Puesto que la motivación y la enseñanza de la asertividad son esencialmente un procedimiento terapéutico, los estándares éticos que más se aplican al entrenamiento son los adoptados por los psicólogos. Reconocemos que muchas personas que practican alguna forma de entrenamiento asertivo no están comprometidas de ninguna manera a proveer un servicio "psicológico" (por ejemplo, profesores, supervisores de personal o capacitación). Nosotros apoyamos la "Declaración de estándares éticos para psicólogos", adoptada por la Asociación Americana de Psicología, como el estándar de comportamiento ético por medio del cual se deberá llevar a cabo el entrenamiento en asertividad.

Reconocemos que la metodología empleada en el entrenamiento en asertividad puede incluir una vasta clasificación de procedimientos, algunos de los cuales no han probado su eficacia. Es responsabilidad de los entrenadores informar a sus clientes acerca de cualquier procedimiento experimental. Bajo ninguna circunstancia el entrenador deberá "garantizar" un resultado específico de ningún procedimiento.

5. Procedimientos apropiados para el entrenamiento en asertividad
El entrenamiento para la asertividad, como cualquier procedimiento diseñado para ayudar a las personas a cambiar su personalidad, puede aplicarse en un amplio rango de situaciones; aun así, en cada caso particular se deberá evaluar si es apropiado. La selección responsable del entrenamiento en asertividad para una intervención particular tiene que considerar, por lo menos, las dimensiones siguientes:

A. Cliente: las características personales del cliente en cuestión (edad, sexo, grupo étnico, estado mental, capacidad de elección informada, funcionamiento físico y psicológico).
B. Problemas y metas: el propósito por el cual se ha buscado o recomendado ayuda profesional (habilidades laborales, inhibición severa, reducción de ansiedad, superación de impulsos agresivos).
C. Entrenador: las características personales y profesionales del entrenador en cuestión (edad, sexo, grupo étnico, habilidades, comprensión, ética —consulte los incisos 3 y 4 antes mencionados).
D. Lugar: las características del lugar donde se lleva a cabo el procedimiento (hogar, escuela, negocio, agencia, clínica, hospital, prisión). ¿Tiene el cliente libertad de elección? ¿Se evalúa sistemáticamente la eficacia del entrenador?
E. Tiempo y duración: la duración del procedimiento. ¿El tiempo empleado representa una breve motivación, un taller formal de entrenamiento o un esfuerzo terapéutico intensivo y extenso?
F. Método: la naturaleza del procedimiento. ¿El procedimiento es rígido o está diseñado a las necesidades del cliente? ¿Está ba-

sado en principios lógicos de aprendizaje y comportamiento? ¿Existe una diferenciación clara entre la agresividad, la asertividad y otros conceptos? ¿Son específicas las definiciones, técnicas, procedimientos y propósitos? ¿Existe la preocupación por motivar el progreso, por más pequeño que sea y reducir a un mínimo las consecuencias negativas? ¿Se asignan "tareas" en forma responsable y con sensibilidad, las cuales pueden afectar a personas cercanas al cliente en sus esfuerzos por cambiar su comportamiento? ¿Se le informa al cliente que la asertividad no siempre funciona?

G. Resultados: ¿Existen procedimientos posteriores que el cliente pueda seguir para evaluarse a sí mismo?

6. *Responsabilidad social*

El entrenamiento en asertividad deberá conducirse dentro de la ley. Se motiva tanto a los entrenadores como a los clientes a trabajar asertivamente por cambiar aquellas leyes que consideren deben cambiarse y modificar el sistema social en formas que consideren apropiadas, especialmente para extender los límites de los derechos humanos. Con estos objetivos en mente, se motiva a los entrenadores para que faciliten cambios responsables por medio del entrenamiento en asertividad. Instamos a todos aquellos que practican, enseñan o investigan el comportamiento asertivo a fomentar la prudencia y la responsabilidad ética en la aplicación de las técnicas de acuerdo con estos principios.

REFERENCIAS BIBLIOGRÁFICAS

Alberti, R.E. y Emmons, M.L. *Your Perfect Right: A Guide to Assertive Behavior*, San Luis Obispo, California: Impact Publishers, Inc., 1970, 1974, 1978, 1982, 1986.

Alberti, R.E. y Emmons, M.L. *The Intimate Organism*. San Luis Obispo, California: Impact Publishers, Inc. (impreso en 1991).

Augsberger, D. *Anger and Assertiveness in Pastoral Care*. Filadelfia: Fortress Press, 1979.

Bach, G. y Wyden, P. *The Intimate Enemy: How to Fight Fair in Love and Marriage*. Nueva York: William Morrow and Company, Inc., 1968.

Baer, J. *How to Be an Assertive (not Aggressive) Woman in Life, in Love, and on the Job*. Nueva York: Signet (New American Library), 1976.

Beck, A. *Love Is Never Enough*. Nueva York: Harper and Row, 1988.

Bliss, S. et al. *The New Holistic Health Handbook*. Lexington, Massachusetts: Stephen Greene, 1983.

Bloom, L.Z., Coburn, K. y Pearlman, J. *The New Assertive Woman*. Nueva York: Delacorte Press, 1975.

Bolles, R.N. *What Color Is Your Parachute?* Berkeley, California: Ten Speed Press, 1990 (anual).

Bower, S.A. y Bower, G.H. *Asserting Yourself*. Reading; MA: Addison-Wesley, 1976.

Burley-Allen, M. *Managing Assertively*. Nueva York: Wiley, 1983.

Burns, D. *Feeling Good: The New Mood Therapy*. Nueva York: William Morrow, 1980.

Buscaglia, L. *Love*. Nueva York: Fawcett, 1981.

Cheek, D.K. *Assertive Black... Puzzled White*. San Luis Obispo, California: Autor, 1976.

Clinebell, H. *Basic Types of Pastoral Care and Counseling*. Nashville, Tennessee: Abingdon, 1984.

Cooley, M.L. y Hollandsworth, J.G. A strategy for teaching verbal content of assertive responses. En R.E. Alberti (ed.) *Assertiveness: Innovations, Aplications, Issues*. San Luis Obispo, California: Impact Publishers, Inc., 1977. (Ya no se imprime, pero lo hay en existencia.)

Cotler, S.B. y Guerra, J.J. *Assertion Training: A Humanistic-Behavioral Guide to Self-Dignity*. Champaign: Research Press, 1976.

Daldrup, R. *Freedom From Anger: The Daldrup Method*. Aptos, California: Living Business Press, 1988.

Davis, M., Eshelman, E., McKay, M. *The Relaxation and Stress Reduction Workbook*. New Harbinger Publications, 1980.

Drury, S. *Assertive Supervision*. Champaign, Illinois: Research Press, 1984.

Dychtwald, K. y Flower, J. *Age Wave*. Los Angeles: Jeremy P. Tarcher, Inc., 1989.

Elgin, S.H. *The Last Word on the Gentle Art of Verbal Self-Defense*. Nueva York: Prentice-Hall; 1987.

Ellis, A. y Harper, R. *A New Guide to Rational Living*. Englewood Cliffs, Nueva Jersey: Prentice-Hall; 1979.

Emery, G. *Own Your Own Life*. Nueva York: Signet, 1984.

Emmons, M.L. *The Inner Source: A Guide to Meditative Therapy*. San Luis Obispo, California: Autor, 1978.

Emmons, M. y Richardson, D. *The Assertive Christian*. Minneapolis: Winston Press, 1981.

Fensterheim, H. y Baer, J. *Don't Say Yes When You Want To Say No*. Nueva York: Dell, 1975.

Fisher, R. y Ury, W. *Getting to Yes: Negotiating Agreement Without Giving In*. Nueva York: Penguin Books, 1983.

Fromm, E. *The Art of Loving*. Nueva York: Harper and Row, 1956.

Fulghum, R. *All I Need to Know I Learned in Kindergarten*. Nueva York: Villard Books, 1986, 1988.

Galassi, M.D. y Galassi, J.P. *Assert Yourself! How to Be Your Own Person*. Nueva York: Human Sciences Press, 1977.

Gambrill, E.D. y Richey, C.A. *It's up to You: The Development of Assertive Social Skills*. Millbrae, California: Les Femmes, 1976.

Gordon, T. *Parent Effectiveness Training*. Nueva York: Wyden, 1970.

Griffin-Lawson, Griffin, L., Donant, F.D. y Lawson, J.D. *Lead On!* San Luis Obispo, California: Impact Publishers, Inc., 1982.

Haney, M. y Boenisch, E. *StressMap: Finding Your Pressure Points*. San Luis Obispo, California: Impact Publishers, Inc., 1982, 1987.

Hankins, G. *Prescription for Anger*. Beaverton, Oregon: Princess Publishing, 1988.

Hastings, A., Fadiman, J., Gordon, J. *Health for the Whole Person*. Boulder, Colorado: Westview Press, 1980.

Hunt, M. The lessons of the cliff. *Parade Magazine*. Julio 14, 1985.

Lange, A.J. y Jakubowski, P. *The Assertive Option*. Champaign, Illinois: Research Press, 1978.

Lazarus, A.A. *Marital Myths*. San Luis Obispo, California: Impact Publishers, Inc., 1986.

Lazarus, A.A. y Fay A. *I Can If I Want To*. Nueva York: William Morrow and Company, Inc., 1975.

MacNeilage, L. y Adams, K. *Assertiveness at Work*. Nueva York: Prentice Hall, 1982.

McKay, M., Rogers, P. y McKay, J. *When Anger Hurts*. Berkeley, California: New Harbinger Publications, 1989.

Osborn, S.M. y Harris, G.G. *Assertive Training for Women*. Springfield, Illinois: Charles C. Thomas, 1975.

Otto, H. *More Joy in Your Marriage*. Nueva York: Hawthorn Books, Inc., 1969.

Palmer, P. *Liking Myself*. San Luis Obispo, California: Impact Publishers, Inc., 1977.

Palmer, P. *The Mouse, the Monster, and Me: Assertiveness for Young People*. San Luis Obispo, California: Impact Publishers, Inc., 1977.

Palmer, P. y Froehner, M. *Teen Esteem.: A Self-Direction Manual for Young Adults*. San Luis Obispo, California: Impact Publishers, Inc., 1989.

Pelletier, K. *Holistic Medicine*. Nueva York: Delacorte Press/Seymour Lawrence, 1979.

Phelps, S. y Austin, N. *The Assertive Woman*. San Luis Obispo, California: Impact Publishers, Inc., 1975, 1987.

Pogrebin, L.C. *Among Friends*. Nueva York: McGraw-Hill, 1987.

Potter, S. *Three-Upmanship*. Nueva York: Holt, Rinehart and Winston, 1962.

Rathus, S.A. B.T: *Behavior Therapy*. Nueva York: Doubleday, 1978.

Rogers, C.R. *On Becoming a Person*. Boston: Houghton-Mifflin, 1961.

Salter, A. *Conditioned Reflex Therapy*. Nueva York: Farrar, Straus, and Giroux, 1949 (edición Capricorn Books, 1961).

Satir, V. *The New Peoplemaking*. Mountain View, California: Science and Behavior Books, 1988.

Seligman, M.E. Fall into helplessness. *Psychology Today*, 1973, Junio, 43.

Seligman, M.E. For helplessness: Can we immunize the weak? *Psychology Today*, 1969, Junio, 42.

Serber, M. Reseña de *Your Perfect Right*. *Behavior Theraphy*, 1971, 2 253-254.

Sheehy, G. *Passages: Predictable Crises of Adult Life*. Nueva York: E.P. Dutton and Company, 1976.

Simon, S.B. *Values Clarification*. Nueva York: Hart Publishing Co., 1972.

Solomon, R. *About Love*. Nueva York: Simon and Schuster, 1988.

Tanabe-Endsley, P. *Project Write*. El Cerrito, California: Autor, 1974, 1979. (1421 Arlington, 94530)

Time Magazine. Is the revolution over? Nueva York: Autor, Abril 19, 1984.

Taubman, B. *How To Become An Assertive Woman*. Nueva York: Pocket Books (Simon and Schuster), 1976.

Ulene, A. *Feeling Fine*. Nueva York: St. Martin's Press, 1977, 1979.

Wolfe, J. y Fodor, I.G. A cognitive-behavioral approach to modifying assertive behavior in women. *The Counseling Psychologist*, 1975, 5 45-52.

Wolpe, J. *The Practice of Behavior Therapy*. Nueva York: Pergamon Press, 1969, 1973.

Esta obra se terminó de imprimir
en abril de 2016, en los Talleres de

IREMA, S.A. de C.V.
Oculistas No. 43, Col. Sifón
09400, Iztapalapa, D.F.